A ONU E A EPIDEMIA DE CÓLERA NO HAITI

A ONU E A EPIDEMIA DE CÓLERA NO HAITI

Ricardo Seitenfus

Tradução de Patricia Chittoni Ramos Reuillard

alameda

Grafia atualizada segundo o Acordo Ortográfico da Língua Portuguesa de 1990, que entrou em vigor no Brasil em 2009.

Edição: Haroldo Ceravolo Sereza e Joana Monteleone
Editora assistente: Danielly de Jesus Teles
Projeto gráfico e diagramação: Laura Klein
Capa: Danielly de Jesus Teles
Assistente acadêmica: Tamara Santos
Revisão: Alexandra Colontini
Imagem de capa: Despejo de esgoto de um campo da ONU perto de Porto Príncipe em 2010. Foto de Lahiny Pierre. Licenciada pela *Creative Commons.*

CIP-BRASIL. CATALOGAÇÃO-NA-FONTE
SINDICATO NACIONAL DOS EDITORES DE LIVROS, RJ

S463O

Seitenfus, Ricardo
A ONU e a epidemia de cólera no Haiti / Ricardo Seitenfus. - 1. ed. - São Paulo : Alameda, 2019.
214 p. ; 21 cm.
Inclui bibliografia
ISBN 978-85-7939-644-1

1. Literatura angolana - História e crítica. I. Título. 1. Nações Unidas - Forças de paz - Haiti. 2. Haiti - Política e governo. 3. Haiti - Relações exteriores. 4. Assistência humanitária - Haiti. 5. Cólera - Haiti. I. Título.

19-61624 CDD: 327.7294
CDU: 327(729.4)

Alameda Casa Editorial
Rua 13 de Maio, 353 – Bela Vista
CEP 01327-000 – São Paulo, SP
Tel. (11) 3012-2403
www.alamedaeditorial.com.br

Em memória de Micha Gaillard,
Guy Alexandre, René Préval e Cary Hector

Sumário

Lista das siglas e abreviações

ACDI - Agência Canadense para o Desenvolvimento Internacional

AGNU - Assembleia Geral das Nações Unidas

BAI - Escritório dos Advogados Internacionais

BM - Banco mundial

BNH - Banco Nacional do Haiti

CARICOM - Comunidade do Caribe

CC - Centro Carter

CDC - Centro para o Controle e Prevenção de Doenças (Atlanta, EUA)

CDHNU - Conselho de Direitos Humanos das Nações Unidas

CEPAL - Comissão Econômica para a América Latina e o Caribe

CGI - Clinton Global Initiative (Fundação Bill Clinton)

CI - Comunidade Internacional

CICV - Comitê Internacional da Cruz Vermelha

CIDH - Comissão Interamericana de Direitos Humanos da OEA

CIJ - Corte Internacional de Justiça

CIRH - Comissão Interina para a Reconstrução do Haiti

CONHANE - Conselho Haitiano de Atores Não Estatais

CORE GROUP - Grupo central de coordenação da CI no Haiti, composto por Argentina, Brasil, Canadá, Chile, Espanha, Estados Unidos, França, Nações Unidas, Organização dos Estados Americanos e União Europeia

CSNU - Conselho de Segurança das Nações Unidas

CTC - Centro de Tratamento de Cólera

DaLA - The Damage and Loss Assessment (A Avaliação de Danos e Perdas)

DAP - Disaster Accountability Project (Projeto de Responsabilização em Desastres)

DIH - Direito Internacional Humanitário

DINEPA - Direção Nacional de Água Potável e Saneamento (Haiti)

DPKO - Departamento de Operações de Paz das Nações Unidas

DUDH - Declaração Universal dos Direitos Humanos

FADISMA - Faculdade de Direito de Santa Maria

FMI - Fundo Monetário Internacional

FUNU - Força de Urgência das Nações Unidas

G77 - Grupo dos Países em Desenvolvimento

IJDH - Instituto para a Justiça e a Democracia no Haiti

MINUJUSTH - Missão das Nações Unidas de Apoio à Justiça no Haiti

MINUSTAH - Missão das Nações Unidas para a Estabilização no Haiti

MSF - Médicos sem Fronteiras

MSPP - Ministério da Saúde Pública e da População da República do Haiti

MUPANAH - Museu do Panteão Nacional Haitiano

OCHA - Escritório das Nações Unidas de Coordenação de Assuntos Humanitários

OEA - Organização dos Estados Americanos

OI - Organização Internacional

OIOS - Escritório de Serviços de Investigação Interna

OIT - Organização Internacional do Trabalho

OLA - Escritório de Assuntos Legais das Nações Unidas

OMS - Organização Mundial da Saúde

ONG - Organização Não Governamental

ONGAT - Organização Não Governamental de Alcance Transnacional

ONU - Organização das Nações Unidas

OP - Operações de Manutenção da Paz das Nações Unidas

OPAS - Organização Pan-Americana de Saúde

OUA - Organização da Unidade Africana

PEDN - Plano Estratégico de Desenvolvimento Nacional (Haiti)

PMA - Programa Mundial de Alimentos

PNH - Polícia Nacional do Haiti

PNUD - Programa das Nações Unidas para o Desenvolvimento

RNDDH - Rede Nacional de Defesa dos Direitos Humanos (Haiti)

SGNU - Secretário-Geral das Nações Unidas

SOFA – Status of Forces Agreement (Acordo Sobre o Estatuto das Forças da ONU)

TPI - Tribunal Penal Internacional

UE - União Europeia

UNESCO - Organização das Nações Unidas para a Educação, a Ciência e a Cultura

UNIC - Centro de Informações das Nações Unidas

UNICEF - Fundo das Nações Unidas para a Infância

UNPOL - Polícia das Nações Unidas

USAID - Agência dos Estados Unidos para o Desenvolvimento Internacional

Primeiro Prefácio: A ONU processada e condenada

A degringolada do Estado haitiano, após o sequestro e/ou Golpe de Estado de 29 de fevereiro de 2004, levou as nações tutoras do mundo a considerar, no âmbito da Organização das Nações Unidas (ONU), uma missão de Paz, denominada Missão das Nações Unidas pela Estabilização no Haiti (MINUSTAH). Para o país mais pobre das Américas, cuja participação no Concerto das Nações continua sendo feita com fórceps, a experiência foi desastrosa. Além de a estabilização ter sido um engodo, ela introduziu no Haiti uma enfermidade degradante provocada pela bactéria *Vibrio cholerae.*

A importação dessa enfermidade no Haiti mostrou que as Nações Unidas também podiam ser um vetor de desestabilização dos povos, supostamente incapazes de assegurar a governabilidade de seu país e, portanto, de responsabilizar-se por seu destino. Ela traz à tona a indigência moral e intelectual das Nações Unidas, cujos crimes maculam impunemente o solo do Haiti.

Homem de integridade notável, o Dr. Ricardo Seitenfus soa o alerta, responsabilizando a organização mundial pela introdução da cólera no Haiti e prestando um serviço histórico às vítimas da cólera desse país e a todos que se preocupam com a justiça internacional ou que creem no potencial das Nações Unidas para combater as doenças e promover os direitos humanos e o Estado de Direito no mundo. Graças a uma pesquisa minuciosa dos fatos e a uma análise rigorosa do regime jurídico aplicável, ele explica que, nos últimos oito anos, as instituições encarregadas de proteger as populações vulneráveis do Haiti contra os ataques de bactérias, de pessoas e de instituições abandonaram-nas totalmente.

A ONU e a epidemia de cólera no Haiti é o título desta última obra do Dr. Ricardo Seitenfus, dedicada ao Haiti. Em um estilo simples e claro, mas erudito, o autor aborda a espinhosa questão da cólera, doença diarreica muito contagiosa devido a uma toxi-infecção entérica epidêmica pelo vibrião colérico.

Esta obra é, no mínimo, o testemunho mais eloquente do respeito ao povo haitiano e à consciência universal. Sem rodeios, o autor narra a importação da doença, identifica as artimanhas da ONU para contornar a verdade científica e, deste modo, não se responsabilizar. O livro denuncia três atitudes repreensíveis das Nações Unidas: nenhuma precaução para evitar a introdução da cólera; a busca incessante e cínica para dissimular a origem da cólera e sua ampla disseminação; e manobras desonestas para impor ao Haiti o fardo da nova lepra, chegando a corromper a história do país. Ele também revela os limites jurídicos das reivindicações das famílias de mais de dez mil vítimas da cólera, insistindo sobre as supostas imunidades, espécie de cortina de proteção da Organização das Nações Unidas. Enfim, o autor denuncia a negação, por parte da ONU, do acesso à justiça para as vítimas. Deste modo, a organização perde credibilidade, pois desrespeita suas próprias leis.

Philip Alston, especialista em direitos humanos da ONU, criticou abertamente a estratégia jurídica das Nações Unidas, qualificando-a de *moralmente inadmissível, juridicamente indefensável e politicamente contraproducente.*

Em outras palavras, as Nações Unidas agiram cinicamente para lavar as mãos no caso da cólera.

O Estado haitiano, ao longo de quatro presidências, recusou-se a tomar as medidas mais elementares para apoiar a luta de seus cidadãos por justiça. Por oito anos, ele acatou a versão da ONU, contribuindo para corromper a história da doença no Haiti e rejeitar as nobres demandas de justiça por parte das vítimas.

Esses oito anos de cinismo oficial e de indiferença ao Estado de Direito e ao sofrimento de mais de um milhão de haitianos são apenas uma parte da história. A outra é a de oito anos de luta persistente e inspirada das vítimas da cólera e de seus aliados no Haiti e no exterior – até mesmo dentro da ONU para forçar as Nações Unidas e o Estado haitiano a respeitarem seus próprios ideais e aceitarem sua responsabilidade.

Como muito bem observou o professor Seitenfus, a luta ainda não está ganha, mesmo que as vítimas da cólera e seus aliados tenham conseguido levar a comunidade internacional a investir centenas de milhões de dólares na luta anticolérica, a reduzir os riscos para as populações vulneráveis do mundo inteiro que recebem tropas encarregadas da manutenção da paz e a fazer melhorias importantes na saúde pública mundial.

O sucesso da luta das vítimas da cólera é uma fonte de esperança indispensável. Porém, mais do que isso, ele apela para a consulta às vítimas. Ele constitui um apelo à ação para a sociedade civil haitiana que, conforme nos explica o autor, não fez sua parte para responder a uma epidemia e a uma injustiça que atingem principalmente os mais marginalizados. O sucesso da luta das vítimas é um apelo à ação para aqueles que vivem nas potências estrangeiras, onde as decisões referentes aos direitos dos haitianos são sistemática e vergonhosamente tomadas.

As vítimas da cólera se envolveram numa luta contínua até alcançar êxito, o que deveria nos dar confiança. Mas não devemos ser complacentes, pois essas vítimas pagam um alto preço por uma justiça que tarda em chegar.

A cada dia, mais e mais pessoas contraem essa doença que poderia ser evitada; a cada semana, mais um haitiano morre. É raro que as crianças que perderam os pais vão à escola – não têm recursos para cobrir os gastos escolares –, o que impede outra geração de sair da pobreza graças à educação. A cada dia, as famílias que gastaram um dinheiro de que não dispunham para tratar os doentes ou enterrar seus mortos continuam sem poder se alimentar e contar com os cuidados básicos de saúde.

O preço que as vítimas da cólera deveriam pagar a partir de agora depende, em grande parte, do restante de nós: no Haiti e fora dele. Temos privilégios graças à instrução, podemos ler esta obra e compreender o que está em jogo. Podemos agir junto aos nossos dirigentes políticos, à classe econômica e à sociedade civil. Temos a oportunidade de apoiar a luta das vítimas e de assumir esse combate em nome da verdade e da justiça. Quanto mais apoiarmos essa luta, mais cedo as vítimas deixarão de pagar esse preço terrível. E o culpado agirá com mais presteza.

As Nações Unidas são culpadas, mas não responsáveis, reconhece finalmente o Secretário Geral da ONU. Mas então, como ser culpado sem ser responsável, se a responsabilidade é o fundamento de qualquer sistema de direito, inclusive do Direito Internacional Humanitário e do Direito Internacional dos direitos humanos?

O acordo de sede de 9 de julho de 2004, apesar de sua nulidade radical pela violação do artigo 139 da constituição haitiana, não deve impedir o direito de acesso a um tribunal: nenhum juiz de nenhuma jurisdição pode se abster de julgar em razão do suposto silêncio da lei.

Em resumo, com esta obra, o processo está lançado. As Nações Unidas estão condenadas. As incontáveis vítimas aguardam reparação.

Mario Joseph

Representante legal das vítimas da cólera

Segundo Prefácio: Catástrofe e desinformação

No dia 20 de outubro de 2010, uma quarta-feira, o colega e amigo de longa data Gérald Lerebours e eu nos encontramos no Laboratório Nacional de Saúde Pública, em uma reunião do Comitê Gestor da Cooperação Tripartite (Brasil-Cuba-Haiti), assinada logo após o terremoto de 12 de janeiro de 2010.

Alguns dias antes, uma epidemia de diarreia aguda mortal iniciara no Planalto Central e se alastrara rapidamente no Departamento de Artibonite. Conversando com o colega e amigo Jacques Boncy, diretor do Laboratório, algumas horas após o alerta, não ousamos evocar o nome do germe que veio à nossa mente.

Nessa mesma quarta-feira, ao final da manhã, recebo um telefonema de Jacques Boncy: "Jean-Hugues, o que temíamos aconteceu!". De imediato comunico ao colega Lerebours. Alguns minutos mais tarde, voltamos para nosso quartel-general de Bourdon, sede da comissão presidencial de coordenação do socorro no setor da saúde, constituída após o sismo. O ministro da Saúde, Alex Larsen, é informado da situação e vem ao nosso encontro. A pequena célula de coordenação da comissão presidencial, à qual se junta o assistente técnico francês Jean-François Shemann, começa então a preparar o primeiro esboço do plano de resposta à epidemia.

Em torno das 19 horas, o presidente René Préval é informado da natureza da epidemia. Perto das 2 horas da madrugada de 21 de outubro, ele convoca seus colaboradores mais próximos. Às 7 horas da manhã, decide-se por uma entrevista coletiva. Três horas mais tarde, o ministro Larsen declara "estado de emergência sanitária nacional" e clama pela mobilização e solidariedade nacional para combater o novo flagelo que acaba de se abater sobre o país, tão somente nove meses da catástrofe de 12 de janeiro.

Assim começou oficialmente o que se tornaria a mais importante e mais mortal das epidemias da sétima pandemia de cólera da história moderna!

Cabe relembrar que o Haiti não tem antecedentes de epidemia de cólera. Em 1991, quando a sétima pandemia alcançou o continente americano, foram tomadas medidas excepcionais para evitar o pior caso o Haiti fosse atingido. Temia-se que o vibrião chegasse ao país pelo Panamá, pois inúmeros haitianos e haitianas viajavam para lá, duas vezes por semana, para fazer compras de todo tipo, sobretudo roupas e joias...

Dez anos mais tarde, Ricardo Seitenfus apresenta-nos seu livro com um título um tanto provocativo: *A ONU e a epidemia de cólera no Haiti.* Vale observar que o livro é dedicado à memória de Micha Gaillard, militante da causa democrática no Haiti, levado pelo terremoto de 12 de janeiro de 2010; do embaixador Guy Alexandre, especialista em questões haitiano-dominicanas, que nos deixou em fevereiro de 2014, em pleno combate contra a *Portaria 168-13 da Corte constitucional dominicana,* que tornava apátridas milhões de dominicanos de ascendência haitiana; de René Préval, que partiu em março de 2017; e do renomado historiador Cary Hector, falecido em outubro do mesmo ano.

No Haiti, o autor não careceria de apresentações. Doutor em Relações Internacionais pelo *Institut des Hautes* Études *Internationales* de Genebra (Suíça), professor de Relações Internacionais, Ricardo Seitenfus foi, entre 2009 e 2011, Representante Especial e

Chefe da Missão da OEA no Haiti. Em 2015, publicou pela Editora da Universidade do Estado do Haiti, a obra *L'échec de l'aide internationale em Haïti: dilemmes et égarements*, grande sucesso editorial.

O livro de Ricardo Seitenfus poderia ser dividido em duas grandes partes: a primeira, sobre a cólera no Haiti, e a segunda, sobre a responsabilidade legal da ONU na introdução do vibrião no país. No final, ele apresenta, evidentemente, propostas de resoluçao do litígio causado por esse acontecimento entre a ONU e o Estado haitiano.

No preâmbulo, o autor já anuncia o tom do livro – um tanto provocativo – com uma citação de Albert Einstein: "Não se deve contar com aqueles que criaram os problemas para resolvê-los". O que questionará ao final de sua obra.

Na primeira parte, Seitenfus apresenta, em uma linguagem muito acessível ao leigo, os diferentes vibriões existentes e aqueles relacionados ao aparecimento da cólera. Ele explica o papel da pobreza como fator de vulnerabilidade no contexto haitiano. Graças a numerosas referências históricas, o leitor pode compreender por que a cólera não se desenvolveu no Haiti antes de 2010 e, sobretudo, em que circunstâncias um contingente nepalês da ONU contaminou o rio Meye, afluente do Artibonite, desencadeando assim a maior epidemia da história recente. Ele também assinala as consequências humanas, morais, materiais e econômicas dessa epidemia. Essa parte retoma principalmente os resultados das investigações feitas pelo professor Renaud Piarroux, médico francês que revelara a responsabilidade dos capacetes azuis no desencadeamento dessa catástrofe e que continuou estudando o comportamento da epidemia, a fim de melhor esclarecer os agentes que a combatem. Uma das informações mais importantes desta primeira parte, desconhecida pela grande maioria dos haitianos e haitianas, é revelada pelo autor, citando Piarroux, que se baseia em sérios estudos científicos realizados em dois pontos do território:

> Dezenas de milhares de haitianos provavelmente sucumbiram à cólera na metade norte do país, na primeira onda epidêmica, entre outubro de 2010 e março de 2011.

A segunda parte do livro de Seitenfus começa por uma análise minuciosa da grande campanha de desinformação orquestrada pelas Nações Unidas para desviar a atenção de todos da origem da introdução do vibrião colérico no Haiti, com a cumplicidade de cientistas, de personalidades influentes, de jornalistas etc. Sucede a essa análise uma aula magistral sobre os diferentes componentes do Direito Internacional Humanitário, que recomendamos firmemente tanto aos estudantes de Ciências Jurídicas quanto a todos aqueles que desejam se dotar de úteis chaves de leitura e de compreensão das relações entre os Estados no mundo atual, em tempos de guerra e de paz. O autor prossegue sua proposta com uma apresentação luminosa das gerações de Operações de Manutenção da Paz da ONU. Graças a uma sólida argumentação, ele demonstra a responsabilidade legal da ONU na introdução da cólera no Haiti e conclui seu livro, definindo possíveis caminhos para resolver o litígio entre a ONU e o Estado haitiano. Cabe também ressaltar que a obra é ilustrada e ricamente documentada com mais de 150 referências.

Parece-me que a gestação deste livro começou em novembro de 2016, no simpósio internacional que organizei por ocasião do vigésimo aniversário da Faculdade de Medicina da Universidade Notre-Dame do Haiti, com o tema: "Haiti: doenças infecciosas, cólera e Direito Internacional". Durante dois dias, Renaud Piarroux, na época lotado em Marselha, Didier Bompangue, da Universidade de Kinshasa e Ricardo Seitenfus compartilharam com os colegas haitianos sua leitura da situação singular da epidemia de cólera no Haiti.

Ex-Representante Especial e Chefe do Escritório da OEA (Organização dos Estados Americanos) no Haiti, Ricardo Seitenfus não é provavelmente unanimidade nos meios intelectuais haitianos, haja vista a história tumultuada desse organismo hemisférico em nosso país, até um passado recente. Entretanto, é praticamente impossível questionar seu amor – eu diria até mesmo sua paixão – pelo Haiti e a sinceridade de suas afirmações. Já no preâmbulo de sua obra, ele escreve:

> Lendo as páginas que seguirão, o leitor será invadido por um sentimento de revolta causado pela atitude vil, desprezível, carregada de mentiras e de covardia dos mentores da Organização das Nações Unidas. Jamais a ONU tratou um Estado-Membro – além disso, um Estado fundador – de maneira tão insolente quanto o fez com o Haiti e seu povo.

Posso dizer, ao ler as últimas linhas do livro, que ele ganhou a aposta. Ousemos esperar que, num futuro próximo, vozes haitianas também se pronunciem sobre essa infeliz história da introdução da cólera em nosso país por “amigos”.

Dr. Jean-Hugues Henrys

Laboratório Nacional de Saúde Pública - Haiti

Preâmbulo

Não se deve contar com aqueles que criaram os problemas para resolvê-los.

Albert Einstein

Instado pelo *Governo Provisório* (14 de Fevereiro de 2016 a 8 de Fevereiro de 2017) do Haiti, do Presidente Jocelerme Privert, tive a oportunidade de elaborar um relatório sobre o tema, que deveria ter sido o documento de base para um debate sobre a posição oficial do governo haitiano acerca da dolorosa – e ainda atual – hecatombe. Após entregar o Documento aos responsáveis governamentais, não mais recebi nenhuma informação sobre seu destino, ele não foi adotado, corrigido, modificado ou tornado público.

Por conseguinte e sempre coerente com minha posição de defensor da verdade, da justiça e dos interesses mais elevados da República e do povo haitiano, sobretudo dos mais humildes, tomei a decisão de publicar esta obra. Deste modo, os aspectos mais significativos e importantes do Documento encontram-se neste livro.[1]

1 Convidado por mim, o Presidente Privert esteve no lançamento oficial da versão original do presente livro nos jardins do MUPANAH em Porto Príncipe, em dezembro de 2018. Ele demonstrava satisfação e alegria com a publicação. Extraio duas lições do episódio: por um lado o enorme poder da Comunidade Internacional na política haitiana e, por outro, embora Presi-

Ainda que a publicação de um livro seja, acima de tudo, um desafio e uma aventura pessoal, o autor se serve dos conhecimentos dos predecessores que abordaram, com maior ou menor profundidade, os temas apresentados. Isso é ainda mais verdadeiro para este livro.

Em primeiro lugar, devido à impossibilidade de acesso aos arquivos das Nações Unidas e de suas agências, bem como dos Estados.

Em segundo lugar, em razão da natureza multiforme do fenômeno analisado nesta obra. Trata-se, com efeito, do embate entre a Ciência – sobretudo a médica – a Política e o Direito.

A partir de testemunhos, ela reúne fatos narrados pelas vítimas, por sua família ou por seus próximos. Esses fatos são relatados e corroborados igualmente por alguns jornalistas, cujas publicações foram utilizadas para esta pesquisa. Dentre eles, meu agradecimento aos jornalistas Jonathan Katz, da agência *Associated Press*, Sebastian Walker, da *Al Jazeera*, Roberson Alphonse, do jornal haitiano *Le Nouvelliste*, a Mark Doyle, da *BBC News* e ao jornalista investigativo Timothy McGirk, que trabalha para a Universidade de Califórnia, Berkeley.

O caráter multidimensional do livro reserva um lugar especial aos especialistas em doenças tropicais e em saúde pública. Os trabalhos desses profissionais foram amplamente utilizados e devidamente citados. Agradeço aos Drs. Ralph R. Frerichs, Danièle Lantagne, Alex Larsen, Jean-Hugues Henrys, Martine Piarroux e Stanislas Rebaudet.

Para o relatório destinado ao presidente Privert, eu solicitara a colaboração do professor Renaud Piarroux, especialista em medicina tropical, que efetuara a investigação inicial da epidemia a pedido do

---

dente da República, o Chefe de Estado é conduzido a compor e disfruta de estreita margem de manobra. Assim, o Estado haitiano jamais conseguiu definir uma posição sobre a hecatombe e sequer um *Livro Branco* descrevendo os fatos, foi adotado.

governo haitiano e da embaixada da França em Porto Príncipe. Era indispensável uma síntese das circunstâncias e dos fatos que haviam levado a essa terrível epidemia, assim como de suas consequências em termos de morbidade e mortalidade. O professor Piarroux autorizou-me a retomar sua argumentação, que constitui parte importante, especialmente na narrativa dos fatos e de suas vertentes sanitárias.

Autor de uma obra científica recentemente publicada,[2] o professor Piarroux não poupou esforços para introduzir o neófito que sou nos traiçoeiros meandros da terrível cólera. Agradeço calorosamente a ele, pois, sem sua contribuição, este livro não seria publicado. Em todo caso, não em suas linhas atuais.[3]

Por fim, os muitos aspectos da perspectiva jurídica puderam ser aprofundados graças a diversas contribuições. Em 2011, eu havia incentivado a Faculdade de Direito de Santa Maria (FADISMA) do Rio Grande do Sul a apresentar à Comissão Interamericana dos Direitos Humanos (CIDH), da Organização dos Estados Americanos (OEA), uma denúncia contra a Organização das Nações Unidas, em virtude de sua responsabilidade pelos atos e omissões na base militar da Missão das Nações Unidas pela Estabilização no Haiti que, sob seu comando e ordens, disseminou, a partir da base de Mirebalais, no distrito de mesmo nome, dejeções humanas de soldados nepaleses infectados pelo micróbio da cólera, provocando a contaminação em cadeia, o adoecimento e a morte de dezenas de milhares de pessoas.[4]

2 PIARROUX, Renaud. *Choléra Haïti, 2010-2018: Histoire d'un désastre*, Paris: CNRS Éditions, 2019.

3 Organizada por Haiti Futur, consultar a palestra do Dr. Piarroux pronunciada no início de julho de 2019 em Paris. O anúncio está in: http://haitifutur.com/blog/conference-exceptionnelle-sur-le-desastre-sanitaire-du-cholera-en-haiti-de-2010-a-2018/ e a íntegra da palestra está in: https://m.facebook.com/story.php?story_fbid=10156645882056596&id=258448421595&sfnsn=mo

4 Disponível em http://www.fadisma.com.br/noticias/fadisma-oferece-denuncia-contra-a-onu-884/.

Nossa obra buscou, no documento da FADISMA preparado pelas professoras Cristine Koehler Zanella e Maria Carolina Silveira Beraldo, fatos, argumentos e análises. Agradeço à instituição e às autoras citadas.

Foram igualmente utilizados alguns aspectos da argumentação do Instituto para a Justiça e a Democracia no Haiti (IJDH), associado ao Escritório dos Advogados Internacionais (BAI), em defesa dos direitos das vítimas da cólera. Agradeço também aos seus responsáveis Brian Concannon, Mario Joseph e Beatrice Lindstrom.

Propriamente falando, toda a narrativa que seguirá, com suas evidencias documentais, é de minha inteira responsabilidade. Contudo, constato que minha obra não é um grito solitário. Ele integra um movimento da consciência mundial em busca de um mínimo de justiça para os desamparados e esquecidos pela História.

Em uma conferência em novembro de 2014, na Universidade McGill de Montreal, Stephen Lewis resume a característica fundamental desse escândalo e das páginas de nosso livro:

> A sórdida história da cólera no Haiti representa uma crítica horrível à ONU. Palavras não são suficientes para descrever a realidade, é realmente penoso demais. Temos a organização mais louvada no mundo, com os direitos humanos por mantra, a primazia do direito e da democracia. Cada elemento desse mantra foi traído. Os direitos humanos, com mortos

---

Consultar também:
https://www.lemonde.fr/planete/article/2012/01/19/cholera-en-haiti-l-onu--visee-par-deux-plaintes_1631879_3244.html

https://diplomatique.org.br/onu-introduz-epidemia-de-colera-no-haiti/

http://g1.globo.com/mundo/noticia/2011/12/faculdade-do-rs-denuncia--onu-oea-por-surto-de-colera-no-haiti.html

http://desacato.info/faculdade-de-santa-maria-denuncia-onu/

http://www.rebelion.org/noticia.php?id=142565

> e infectados pela cólera, que se sucederam desde o primeiro dia da epidemia; a democracia e a busca por justiça, que não existem, e a primazia do Direito – inserida nas Convenções e Acordos – se encontra desdenhada a cada momento.[5]

Tanto mais porque não pode haver contraste maior entre, de um lado, as Nações Unidas, que exercem o monopólio da força e do direito quando seu Conselho de Segurança (CSNU) assim o decide e, de outro, o Haiti e seu povo, suas principais vítimas.

Em primeiro lugar, temos, de um lado, a organização central em escala universal encarregada de promover, construir e velar pelo respeito aos direitos humanos e, do outro, vítimas civis inocentes que morrem aos milhares em razão da ação, da negligência e da omissão dessa mesma organização.

Em seguida, temos, de um lado, altos funcionários internacionais encarregados das missões mais nobres, ou seja, manter a paz e a segurança internacionais, com poder, prerrogativas e imunidades e, do outro, as pessoas mais miseráveis dentre os pobres do país mais desfavorecido das Américas.

Por fim, temos, de um lado, o Conselho de Segurança das Nações Unidas, composto pelas maiores forças políticas, econômicas e militares da história da Humanidade, dotado do *imperium*, isto é, da capacidade material e formal de impor sua vontade a cada Estado – membro ou não das Nações Unidas – e, do outro, um Estado fraco – alguns o consideram um Estado falido –, sem as mínimas condições de soberania e incapaz de responder às necessidades mais elementares de sua população.[6]

---

5 O texto integral dessa importante conferência encontra-se ao final do livro.

6 O Fund for Peace publica anualmente, desde 2005, a classificação, segundo certos indicadores, da posição dos Estados. O Haiti aparece em primeiro lugar. Consultar "How Many Countries are Included in the Fragile States Index", in https://fundforpeace.org/2019/04/10/fragile-states-index-2019/

Quando esses dois mundos se encontram, no mês de outubro de 2010, no vilarejo haitiano de Meye, no departamento do Centro, começa uma história repleta de dores, mortes, injustiças e mentiras. É uma parte desta vil história que este livro narra. De maneira mais global, esse escândalo integra perfeitamente as relações perturbadas e perturbadoras do mundo com o Haiti.

Introdução

O discurso político destina-se a dar às mentiras a entonação da verdade, tornar o assassinato respeitável e dar aparência de solidariedade a uma mera corrente de ar.

George Orwell

As relações do Ocidente com o Haiti são marcadas por desentendimentos constantes e dramáticos feitos de incompreensões, equívocos, agressões e indiferença. Em meu livro dedicado aos dilemas e fracassos internacionais no Haiti,[1] saliento que o racista e eurocêntrico Ocidente cria o sistema colonial que estende, a partir do século XVI, seus tentáculos através do mundo a dominar populações dos demais continentes. Mais do que uma ideia, existe a convicção da inconteste supremacia branca sobre as demais raças.

Assim como o rugido do trovão no céu índigo do colonialismo, a independência do Haiti e sua mensagem de igualdade entre as raças foram um acontecimento insólito. Sua revolução estarreceu o Ocidente e opôs-se frontalmente ao espírito amplamente predominante da época marcado pela trilogia: racismo, colonialismo e escravidão. Um grupo de escravos negros, analfabetos, desarmados

1 SEITENFUS, Ricardo. *Haiti: dilemas e fracassos internacionais.* 2ª edição. Curitiba: Editora do Instituto Memória, 2018.

e principiantes na arte militar, conseguira vencer o exército de Napoleão Bonaparte, um dos mais aguerridos, experientes e equipados da época. A situação era inédita. Pela primeira vez na História, um exército branco era vencido por forças armadas de outra raça[2].

Diante do projeto de colonização promissor que se transformou em catástrofe traumática com o processo de independência, o Ocidente se dedicou a expulsar de seu horizonte tudo o que se referia ao colonialismo e, em particular, ao Haiti. Como salienta um crítico contemporâneo, o derradeiro momento da colonização consiste em colonizar a história do colonialismo.[3]

Assim, como bem observa Jack Goody,[4] a usurpação do relato sobre a evolução da história da humanidade praticada pelos meios universitários europeus, que impuseram uma interpretação eurocêntrica, exclusiva e unívoca, é particularmente verdadeira no caso do Haiti.

Na busca de apagar da memória coletiva todo traço de responsabilidade do Ocidente na formação dramática da sociedade haitiana, o país se viu privado de seu próprio passado. Os princípios fundamentais que sustentaram a Revolução Haitiana – igualdade entre as raças, abolição da escravidão e do colonialismo – foram jogados no lixo da História. Nesta, o Ocidente guindou a Revolução Francesa e a Americana como exemplares. Ao contrário da Haitiana, objeto de desprezo e desconhecimento absolutos. A partir de então, o Haiti se tornou o buraco negro da consciência ocidental.

Diante do perigo do exemplo haitiano, o Ocidente definiu uma estratégia, ainda atual, que apresenta cinco dimensões:

---

2 Esse fato é ignorado pela historiografia das relações internacionais, que considera a vitória do Japão contra a Rússia, em 1905, como a primeira derrota de uma força armada branca.

3 LASKE, Karl. *Sarkozy, l'anti-Césaire*. Paris: Libération, 21 de abril de 2008.

4 GOODY, Jack. *Le vol de l'Histoire: comment l'Europe a imposé le récit de son passé au reste du monde*. Paris: Gallimard, 2010.

1. Criar um cordão sanitário, impedindo o Haiti de estabelecer e manter contatos internacionais;

2. Enfraquecer o Estado haitiano, tornando o país ingovernável;

3. Criar condições culturais e psicológicas no Ocidente para que tudo que venha do Haiti seja percebido negativamente;

4. Considerar o Haiti como uma ameaça aos fundamentos das relações internacionais;

5. Alimentar uma atitude temerosa e covarde em relação ao Haiti.

Na eventualidade da independência de São Domingos, a posição dos Estados Unidos era claríssima. Em 1801, o presidente Thomas Jefferson declarava que, caso a ilha se tornasse independente, ela devia ficar sob a proteção da França, dos Estados Unidos e da Grã-Bretanha. A Troika se encarregaria de isolar a vitoriosa revolução antiesclavagista haitiana – considerada um vírus da peste – que se abatera sobre o país. Jefferson sugeria uma medida muito simples para eliminar todo risco de contágio:

> Enquanto impedirmos os negros de possuírem navios e os deixarmos sobreviver, manteremos relações comerciais muito lucrativas com eles.[5]

Manter os haitianos prisioneiros de sua ilha, fazendo do mar do Caribe uma barreira intransponível, impedirá o país de dispor de uma marinha mercante por mais de 200 anos. Ainda segundo o presidente Jefferson, o Haiti pode existir como um grande vila-

5 DUBOIS, Laurent. *Les Vengeurs du Nouveau Monde.* Porto Príncipe: Éditions UEH, 2009, p. 271.

rejo de marrons, um quilombo ou uma palanca. Mas não se pode aceitá-lo no Concerto das Nações.[6]

O processo de colonização marcou o início da globalização. Após a descolonização inevitável ao longo dos séculos XIX e XX, que envolveu todos os continentes, cento e cinquenta novos Estados redesenharam o mapa político mundial.

De todas as experiências de descolonização, mesmo as mais dramáticas, nenhuma se igualou à do Haiti. Nenhum outro Estado jovem recebeu do mundo o tratamento iníquo infligido ao berço dos direitos fundamentais do Homem. Na vanguarda de seu tempo, o Haiti estava certo cedo demais. Fragilizada internamente e abandonada pelo mundo, eram mínimas as chances de sucesso da primeira República negra constituída por ex-escravos.

Historicamente o Ocidente não tenta compreender e menos ainda aceitar uma realidade contraditória. Ela busca apenas estabilizar um poder político instável, normalizar um país "anormal" e fazer com que os parâmetros da democracia representativa se imponham.

Para tanto, forças militares, essencialmente oriundas da América do Sul (em média, 73% do total) são enviadas ao Haiti, em 2004, pelo Conselho de Segurança das Nações Unidas. Militares latino-americanos – no caso de alguns, especialistas em atos inconstitucionais, segundo a história política da região – que se tornam mensageiros dos valores democráticos e são enviados para lutar onde não há guerra.

A introdução da cólera e os subterfúgios utilizados pelas Nações Unidas para se distanciar de sua inconteste responsabilidade acrescentam duas novas características às relações do Ocidente com o Haiti: um drama de saúde pública e um desastre político.

6 CASIMIR, Jean. Préface in: *Ibidem*, p. 12.

Lendo as páginas que seguirão, o leitor será invadido por um sentimento de revolta provocado pela atitude vil, desprezível, marcada por mentiras e covardia dos mentores da Organização das Nações Unidas. Esta jamais tratou um Estado-Membro – além disso, um Estado fundador – de maneira tão petulante e desonrosa quanto o fez com o Haiti e seu povo.

O drama da cólera no Haiti demonstra que a Organização das Nações Unidas tem, para com a República do Haiti, não apenas uma obrigação moral, como reconhecerá o Secretário Geral Ban Ki-moon em dezembro de 2016,[7] mas também uma obrigação legal de reparação dos danos provocados por soldados a serviço da Missão das Nações Unidas pela Estabilização do Haiti (MINUSTAH), responsáveis diretos pela introdução e pela disseminação do vibrião colérico no país.

A regra da Moral e do Direito diferem profundamente. Inicialmente quanto ao objeto: a Moral se refere à consciência do homem ao passo que o Direito se encarrega de definir as relações entre os homens e seus comportamentos sociais. Em seguida quanto ao objetivo: a Moral busca a perfeição impondo, por exemplo, deveres de caridade. O Direito, por sua vez, procura assegurar a paz e a ordem em um dado espaço físico. Enfim, quanto à sanção de uma violação: no campo da Moral ela não está prevista com anterioridade e decorre de uma vontade pessoal e interior, por exemplo, o remorso. No campo do Direito a existência da sanção, previamente estipulada, é condição sine qua non da própria existência do Direito. Ao contrário da Moral, a sanção a uma infração de uma regra de Direito é material.

Ainda que a participação e a longa permanência das Nações Unidas no Haiti buscassem trabalhar pela estabilização do país, sua omis-

7 Ver Anexo I ao final do livro.

são nas indispensáveis medidas preventivas para atuar em um meio sensível teve consequências desastrosas que causaram milhares de vítimas na saúde pública, na economia nacional e na imagem do país.

Antes de enviar suas tropas para o Haiti, as Nações Unidas não tomaram medidas sanitárias preventivas e agiram com negligência e leviandade na construção das instalações sanitárias de seus acampamentos militares. Essa omissão e essas ações equivalem a um ilícito que deve ser reconhecido como tal, não apenas no plano moral, mas também no plano jurídico, o que suscita a obrigação de reparação. Sem uma reparação urgente desse drama, o presente e o futuro da República do Haiti estarão bloqueados, e o país se encontrará sem perspectivas de estabilidade e de desenvolvimento.

Além do ilícito tanto moral quanto jurídico, há a maneira protelatória e diversionista empregadas pela estratégia das Nações Unidas. Ela vitimou milhares de Haitianos que poderiam ter sido salvos. Uma das questões essenciais enfatizadas neste texto, enquanto se refere a uma série de problemas, concentra-se nas possibilidades de alcançar reparação. Geralmente, as vítimas, sobretudo os indivíduos não podem entrar com um recurso efetivo contra as organizações internacionais. Na maioria dos casos,os tribunais internacionais não podem estender sua jurisdição aos comportamentos de organizações internacionais, e o acesso aos tribunais nacionais choca-se com a regra da imunidade.[8]

Antes de analisar os aspectos legais e jurídicos dos atos e omissões das Nações Unidas, neste caso, e discutir sua flagrante e inegável responsabilidade, devemos conhecer em detalhes os contornos factuais e sanitários dessa tragédia.

8 PALCHETTI, Paolo. "La réparation de la responsabilité pour faits internationalement illicites commis au cours d'opérations multinationales". *Revue internationale de la Croix-Rouge*, vol. 95, Sélection française, 2013/3 e 4.

O Haiti e a cólera

Não é difícil fazer política!
Você faz Direito durante cinco anos. O tempo restante faz torto.
Coluche

Nas duas seções deste capítulo, apresentamos as características do vibrião colérico que contaminou o Haiti (*Vibrio cholerae* O1 El Tor), bem como as circunstâncias que livraram esse país da cólera ao longo de toda sua história, apesar de seus indicadores sociais e econômicos. Com isso, provaremos que a epidemia na ilha de Hispaniola foi causada por uma intervenção estrangeira em seu meio natural.

A cólera e os Vibrio cholera

Os especialistas haitianos em saúde pública há muito temiam as consequências desastrosas de uma epidemia de cólera. Na falta de sistemas de abastecimento de água, as fontes naturais do país são frequentemente utilizadas para beber, lavar roupa e lavar-se, assim como para dar de beber aos animais e para uso doméstico. Além disso, as águas que escoam de uma agricultura natural não são poluídas por pesticidas. No mundo rural haitiano, mais do que em outros lugares, a água oferecida pela natureza é uma fonte de vida. Com a cólera, ela se tornou um vetor de morte.

No dia seguinte ao terremoto de janeiro de 2010, um dos principais temores era o aparecimento de epidemias nas zonas sinistradas. Com centenas de milhares de pessoas desabrigadas e amontoadas em acampamentos de refugiados precários, o contexto era ideal para que males desconhecidos rompessem o frágil equilíbrio da saúde pública. Esse contexto desastroso impunha agir com o máximo de prudência na região metropolitana de Porto Príncipe, por ser vulnerável às epidemias que haviam poupado o Haiti até então, a exemplo da cólera. No entanto, foi exatamente o contrário que aconteceu.

Apesar das condições sanitárias desumanas, nenhuma epidemia foi observada após o sismo. A cólera surgiu apenas dez meses depois e em uma região distante da capital e poupada pela catástrofe natural.

No início de outubro de 2010, os habitantes do Departamento do Centro e logo os do Departamento de Artibonite começam a procurar os hospitais com uma forte diarreia. Alguns sequer conseguem chegar ao hospital porque o ataque é tão violento que pode matar um adulto em quatro horas e uma criança em duas. Nesse intervalo de tempo, os doentes perdem até 20% do peso corporal.

Eu estava no gabinete do primeiro-ministro do Haiti, Jean-Max Bellerive, no início da tarde de quarta-feira, 20 de outubro, quando ele recebeu um telefonema do ministro da Saúde, informando-o da inquietante descoberta. Depois de desligar, ele me atualizou e exclamou:

> — Agora, somos atingidos por uma epidemia de cólera! O que mais falta para destruir o Haiti?

Ordenou imediatamente a mobilização dos recursos haitianos – bastante exíguos, deve-se dizer – para tentar enfrentar o perigoso surto.

A cólera é uma doença diarreica provocada pelo *Vibrio cholerae*, mais exatamente, por certos *Vibrio cholerae*, visto que apenas algumas cepas podem provocar a cólera. Os *Vibrio cholerae* são bactérias e, portanto, seres microscópicos (medem cerca de dois a três milésimos de milímetro de comprimento).

Como o nome *Vibrio* indica, eles são extremamente móveis. Na água, movem-se em todas as direções graças a um flagelo. Essa bactéria é frequentemente encontrada nos ambientes aquáticos, em especial em águas salobras, que resultam da mistura entre águas doces e a água do mar, como um mangue ou o estuário de um rio. Pode ser encontrada até mesmo, embora mais raramente, nas águas doces dos lagos e rios. Entretanto, nem todos os ambientes aquáticos convêm ao *Vibrio cholerae*, cujo desenvolvimento depende de diferentes fatores físicos, como temperatura, salinidade e acidez: se a água for ácida demais, fria demais, insuficientemente ou excessivamente salgada, ele terá dificuldade para se desenvolver.

Além das condições físicas, as populações de *Vibrio cholerae* dependem de diferentes fatores biológicos. Quando as águas estão carregadas de matérias orgânicas, a bactéria, que é capaz de se fixar no plâncton, poderá se multiplicar. Porém, ela também tem predadores, como as amebas, e pode ser destruída por certos vírus.

O *Vibrio cholerae* biótipo El Tor é um dentre outros. Mas é ele, e apenas ele, que provoca as epidemias de cólera que grassam atualmente no mundo. Ele sucede ao *Vibrio cholerae* "clássico", responsável pelas epidemias que atingiram a humanidade no século XIX. O *Vibrio cholerae* El Tor e clássico têm duas características surpreendentes: podem se fixar nas células intestinais humanas e excretar uma toxina, a toxina colérica. Ela é responsável por uma fuga cataclísmica de sais e de água em direção ao tubo digestivo, acompanhada de diarreias, vômitos e desidratação. Nos casos mais graves, as perdas são tão intensas que é impossível compensá-las, mesmo bebendo enormemente. O sangue dos doentes se torna mais concentrado, o coração se acelera, a tensão arterial desaba. Os médicos chamam a isso de estado de choque. Se a massa sanguínea não for restaurada por soros adaptados, a morte é rápida.

Os outros *Vibrio cholerae* não têm toxina, não provocam muita desidratação nem são responsáveis por essas epidemias de diarreias mortais chamadas de epidemias de cólera.

Em uma região sem água potável, o micróbio da cólera encontra inúmeras maneiras de se propagar. Ele persiste alguns dias nos dejetos de defecação a céu aberto, escoa-se com as águas da chuva e, assim, contamina os pontos de água desprotegidos; persiste por um tempo nas mãos, na louça ou na roupa, na falta de sabão para lavá-las, contaminando as reservas de água das casas e os alimentos.

A falta de acesso a atendimento médico agrava a situação, mantendo os doentes em casa, onde a família tem pouca informação sobre os riscos de contágio decorrentes da falta de higiene. Por fim, os funerais ajudam frequentemente a propagar a doença porque os rituais expõem os próximos a um contato com o micróbio, e parentes ou amigos que vêm de longe levam a cólera ao partir.

Além do maior número de vítimas, cabe assinalar sua condição social. Excluídas socialmente há séculos, as camadas mais pobres são as que pagam o maior tributo às doenças diarreicas e à cólera. Sem água potável, o simples gesto de lavar as mãos constitui um desafio. Ora, no universo rural haitiano (dominado pelo vodu), a regra sociocultural consiste em comer diretamente com as mãos, sem utilizar talheres. Situação ideal para a propagação do micróbio. Mas como mudar práticas sociais e religiosas seculares?

Na região rural haitiana, encontramos uma África autêntica nos gestos quotidianos, longe do desejo de modernização da elite das grandes cidades do país. Essa elite estigmatiza as classes rurais desfavorecidas e abandonadas por ser indiferente ao seu futuro. Para a elite haitiana, a cólera é uma doença de caráter social que não a atinge e, portanto, não merece sua atenção. Bem mais do que as injustiças e os abusos decorrentes da cor da pele, o mais impressionante é a segregação social e jurídica persistente e inconcebível entre citadinos e habitantes rurais. A epidemia de cólera mostrou ao mundo o fundamento principal da sociedade haitiana.

Todas essas razões explicam por que as epidemias de cólera atingem sempre as populações mais pobres, seja nas favelas ou nas zonas rurais abandonadas. Nestas, como o acesso ao atendimento médico é ainda mais difícil do que nas favelas, a cólera se traduz por uma forte letalidade, ultrapassando às vezes um doente em dez. Essas mortes a domicílio passam despercebidas quase sempre e não são registradas pelos sistemas de vigilância epidemiológica dos países envolvidos.

Haiti: um território de risco?

Historicamente, o Haiti é imune à cólera. O *Cholera morbus* que veio da Europa na primeira metade do século XIX e atingiu os Estados Unidos e as ilhas vizinhas de Hispaniola nunca afetou o país. Insistamos neste ponto: o Haiti, ainda que muito vulnerável, jamais enfrentara uma epidemia de cólera. Por exemplo, no final do século XIX, Sir Spencer Buckingham St John, Encarregado de Assuntos Britânicos no Haiti, declarara o seguinte: "Mesmo que Porto Príncipe seja a cidade mais degradada que eu já conheci, ela nunca foi visitada pela cólera."[1]

O que protegeu o Haiti foi a inexistência de comércio com as zonas onde grassa a cólera. Até o século XIX, ela permaneceu no Sul Asiático. Assim, o comércio triangular que levava para o Haiti milhares de escravos provenientes das costas africanas não se acompanhava da importação da cólera. Quando, a partir de 1817, ondas epidêmicas se sucederam no mundo, o Haiti já estava apar-

1 SPENCER BUCKINGHAM, St, John. *Hayti or the Black Republic.* 2a. edição, New York: Scribner and Welford, 1889.

tado do restante do planeta. De fato, os haitianos, por meio de luta, acabavam de conseguir sua independência, e as grandes potências, lideradas pela França e pelos Estados Unidos, submetiam-os a um severo bloqueio naval. Afastando o Haiti dos fluxos comerciais, esse bloqueio o protegeu da cólera.

Ao longo do século XIX, a bacia do Caribe teve três epidemias de cólera: Cuba, Jamaica e Porto Rico. E, salvo algumas ilhas pouco povoadas, somente o Haiti foi poupado. Talvez essa exceção haitiana se explique também por medidas preventivas fitossanitárias tomadas pelo governo haitiano. Mesmo quando a República Dominica foi atingida pela cólera em 1868, a ação governamental, especialmente a quarentena imposta aos navios de carga que chegavam ao Haiti, poupou o país do perigo.

Por fim, tendo conquistado sua independência muito cedo, ao contrário de Cuba, o Haiti nunca sofreu as consequências do movimento e do transporte de tropas estrangeiras, principal vetor de disseminação da cólera ao longo da História.

Mais adiante, no século XX, a pobreza do país afastou o Haiti das grandes ondas de imigração econômica. Os únicos viajantes que chegavam ao país vinham de países ricos e poderosos já livres da cólera, onde viviam homens de negócios abastados e pouco expostos à doença.

Em 1850, intrigado pela imunidade de seu país frente às calamidades sanitárias que golpeavam seus vizinhos, o historiador e político haitiano Thomas Madiou pergunta-se ironicamente se o Haiti seria poupado por causa das emanações de nosso solo que não permitiriam a existência de animálculos coléricos ou [a] um estado particular de nossa atmosfera?[2]

2 MADIOU, Thomas. *Histoire d'Haïti.* Porto Príncipe: Henri Deschamps, 1987–1991.

É o oposto, como veremos mais adiante, da argumentação claudicante das Nações Unidas em sua busca desesperada de encontrar um bode expiatório.

O contraste entre a ausência total da cólera ao longo de sua história e as terríveis condições sanitárias haitianas é surpreendente. Em março de 2009, um documento oficial apresenta de maneira irretorquível a situação do sistema de saúde pública no país.[3]

De acordo com esse documento, os esforços feitos nos anos anteriores não resultaram em uma melhoria significativa dos indicadores de saúde. A cobertura sanitária permanece insuficiente. A capacidade de atendimento das instituições sanitárias aumentou sensivelmente, mas ainda se encontra longe do ideal. Ademais, certas instituições não têm pessoal suficiente para atender os pacientes com qualidade e em quantidade necessária.

Na falta de um sistema de informação sanitária confiável, a vigilância epidemiológica demora a se fortalecer a despeito da existência de uma direção de epidemiologia e de um laboratório nacional de Saúde Pública.

Os indicadores de saúde pública são preocupantes. A mortalidade materna tende a aumentar, de acordo com a última pesquisa de mortalidade, morbidade e utilização dos serviços de Saúde, realizada em 2005-2006. A desnutrição crônica atinge cerca de um terço da população de menos de cinco anos. A disponibilidade de água potável é de 52,3% para todo o país. Somente 31,7% das necessidades de saneamento básico são atendidas.

O documento conclui:

> Disso decorre que as patologias mais frequentes são: as diarreias, as infecções respiratórias agudas, a desnutrição, as IST/AIDS, a tuberculose e a malária. Além disso, certas

3 MSPP, *Politique nationale de promotion de la santé*. Porto Príncipe: 2009, p. 74.

> doenças controláveis pela vacinação ainda estão presentes no quadro de morbidade e de mortalidade.[4]

O Instituto Pasteur, em Paris, alerta os viajantes que se dirigem ao Haiti para a atualização de suas vacinas contra as hepatites A e B, a febre amarela, a raiva, a febre tifoide e o paludismo. No entanto, não faz nenhuma menção à cólera.[5]

Desde então, a situação sanitária não melhorou. Assim, no último relatório quinquenal (2013-2017) da Organização Pan-americana de Saúde (OPAS), o Haiti se encontra em 34º e último lugar na lista dos países das Américas que menos gastam com saúde.[6]

De acordo com esse relatório, o país investiu menos de 2% de seu PIB em atendimento à saúde nos últimos cinco anos, ao passo que o mínimo recomendado é 6%. Com somente 4,3% do orçamento do Estado alocado à saúde, o Haiti está longe das recomendações da OPAS/OMS, que sugerem que 15% do orçamento nacional devem ser destinados à saúde nos países de baixa renda.

Veremos mais adiante que as autoridades haitianas e estrangeiras encarregadas de combater a cólera, quando analisam brevemente a situação sanitária do país, chegam, por razões diferentes, à uma mesma conclusão: o Haiti apresenta todas as características de um território de risco para a epidemia de cólera, e o país apresentava condições ótimas para sua propagação.

Ainda que a situação sanitária alarmante perdurasse há décadas, foi necessária a intrusão de um fator externo para provocar a catás-

---

4 https://www.paho.org/hai/index.php?option=com_docman&view=download&category_slug=publications&alias=25-enquete-mortalite-morbidite-et-utilisation-des-services-emmus-iv&Itemid=413&lang=fr

5 Recomendações gerais do Centro Médico do Instituto Pasteur. *Recommandations sanitaires pour les voyageurs.*

6 OPAS, La Santé dans les Amériques, in https://www.paho.org/salud-en-las-americas-2017/wp-content/uploads/2017/09/HiA-2017-fr.pdf.

trofe. A descrição do desenrolar dos fatos no próximo capítulo não deixa pairar nenhuma dúvida e não dá margem a controvérsias.

Os fatos

Objetividade não significa imparcialidade, mais universalidade.

Raymond Aron

Em outubro de 2010, a MINUSTAH recebe um contingente que vem diretamente de um país atingido por uma epidemia de cólera. Esses capacetes e boinas azuis vindos do Nepal desembarcam em Porto Príncipe no dia 9 de outubro de 2010 e logo a seguir deslocam-se para a Base de Annapurna, no vilarejo de Meye, localizada nos arredores de Mirebalais no Departamento do Centro. Outros virão em 12 e 16 do mesmo mês, totalizando 1.075 militares e 203 policiais.

Os fatos expostos a seguir, coletados pelo professor Piarroux, mostram como a organização do acampamento dos militares nepaleses colocava a população da vizinhança em perigo. Somente agora, depois da catástrofe, é que podemos entender que o desenrolar dos acontecimentos não guarda relação com o acaso ou a falta de sorte. Tampouco se trata de uma catástrofe anunciada. Embora sorrateira sua chegada inelutável e violenta.

Nossa argumentação divide-se em três seções. Na primeira, revela-se a precariedade e até mesmo a inexistência de gestão sanitária dos acampamentos da MINUSTAH. A segunda seção retoma o fator desencadeador da epidemia de cólera, ou seja, o movimento das tropas do Nepal para o Haiti. Na terceira, explicitamos os argumentos que nos levaram a considerar a existência da cólera na base Annapurna como única explicação para o início brutal da epidemia. Foi para esse campo que grande parte do contingente nepalês foi enviada.

Eis a situação geográfica do campo Annapurna e de Meye, o vilarejo de disseminação inicial da epidemia:

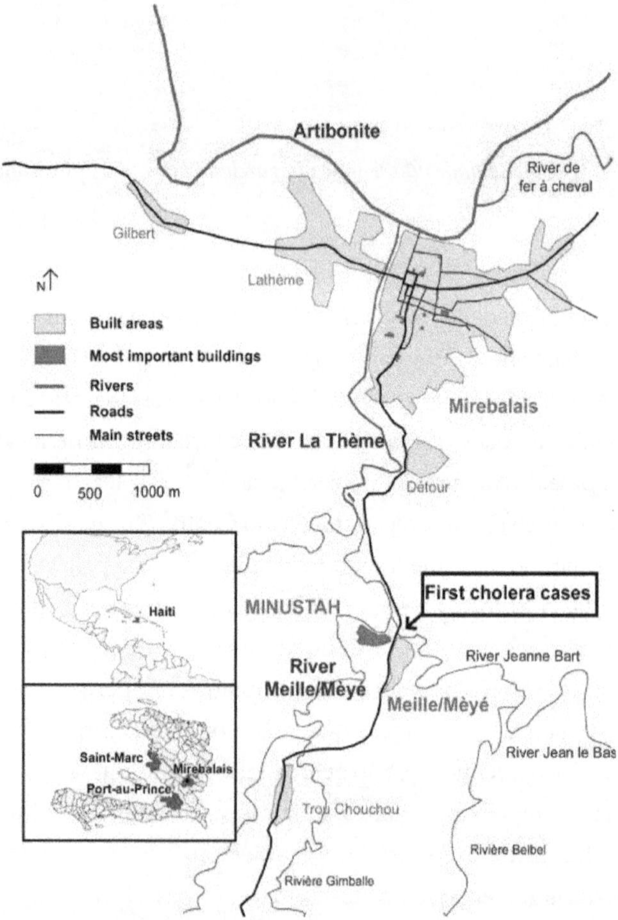

Campo da MINUSTAH e localização dos primeiros casos da epidemia de cólera ao sul de Mirebalais. © Martine Piarroux

A gestão sanitária dos acampamentos da MINUSTAH

A epidemia de cólera foi possível, primeiramente, porque as matérias fecais dos capacetes azuis contaminavam regularmente os rios do Haiti, em especial, aqueles a montante do rio Artibonite e dos canais afluentes.

Quando a epidemia de cólera começou no Haiti, a gestão sanitária do campo Annapurna da MINUSTAH apresentava três problemas maiores:

Tubulações ligavam diretamente uma fossa séptica do campo ao curso d'água que passava a jusante

A presença dessas tubulações é atestada pelos testemunhos dos habitantes de Meye colhidos, entre outros, pelo professor Piarroux e por três jornalistas de três veículos de comunicação diferentes, que investigaram as águas servidas e as matérias fecais do campo. Jonathan Katz, repórter da agência *Associated Press*, e Sebastian Walker, que trabalhava para a *Al Jazeera*, observaram soldados fazendo obras nas latrinas do campo. Estamos em 27 de outubro de 2010. Uma semana antes, a epidemia acaba de explodir no delta do rio Artibonite, a jusante. Walker esclarece que os soldados da ONU trabalhavam furiosamente para conter o que parece um vazamento de águas usadas que cheira realmente a esgoto, bem ao lado das latrinas, e parece escoar, a alguns metros dali, no rio que desemboca na cidade vizinha de Mirebalais.[1]

O artigo de Jonathan Katz era ainda mais preciso e descrevia:

> Uma fossa séptica enterrada transbordava um líquido negro, e o fedor dos excrementos pairava no ar. Das tubulações quebradas escapava o mesmo líquido. Uma das tubu-

1 https://www.youtube.com/watch?v=gk-2HyQHUZ0.

> lações ficava bem atrás das latrinas do campo, e o líquido que escorria dos tubos plásticos despedaçados descia até onde as pessoas se banhavam no rio.[2]

Novamente interrogados pelo professor Piarroux em 2013, habitantes do vilarejo de Meye indicam que, na época, havia três tubulações de plástico entre as latrinas do campo e o rio. O fedor do que escorria das tubulações era tal que eles haviam reclamado, mas os militares não levaram em conta, ao menos até o surto de outubro de 2010. É bem provável que fossem essas tubulações que os soldados, flagrados pelos jornalistas, estavam retirando em 27 de outubro, quando a epidemia estava no auge em Mirebalais e no Baixo Artibonite.

A ONU nunca reconheceu que essas obras eram destinadas a reparar as tubulações e escamotear a realidade. No entanto, pudicamente rebatizadas de "obras de construção", elas estão registradas no relatório de um painel de especialistas delegados da própria ONU alguns meses mais tarde:

> A construção das tubulações de água na zona principal das latrinas e das duchas é pouco rigorosa, com um risco grande de contaminação cruzada devido a fugas das tubulações quebradas e a consertos mal feitos, em especial das canalizações que provêm de uma vala de drenagem aberta, atravessam o campo e deságuam diretamente em um afluente do rio Meye.[3]
>
> Conclui-se claramente da inspeção, assim como do interrogatório dos haitianos da vizinhança, que obras de construção foram feitas recentemente (após outubro de 2010) nessa área.

---

2 KATZ, Jonathan, 2010. "UN probes base as source of Haïti cholera outbreak". Associated Press. 28 de outubro de 2010. https://www.washingtontimes.com/news/2010/oct/27/un-probes-base-as-source-of-haiti-cholera-outbreak/

3 https://www.un.org/News/dh/infocus/haiti/UN-cholera-report-final.pdf

O terreno destinado a recolher as matérias fecais dos soldados não passava de um charco aberto

É o terceiro jornalista – Roberson Alphonse, do jornal haitiano *Le Nouvelliste* – que faz menção a isso de modo mais detalhado. De fato, ele descobrira uma fossa a céu aberto, situada a uma centena de metros do campo e na qual, a cada semana, caminhões-tanques vinham desaguar o conteúdo das fossas sépticas do campo. Quatro meses mais tarde, os especialistas delegados pelas Nações Unidas fizeram a seguinte descrição dessa fossa:

> O local não é fechado e crianças foram vistas brincando lá, animais também vagueiam em torno dessa fossa. Um afluente do rio Meye está situado a alguns passos a jusante da colina onde se encontra a fossa. Os moradores da vizinhança explicam que os caminhões-tanques despejam seu conteúdo nesse sítio e acrescentam que a zona é inundável, com as águas escoando no afluente em caso de chuva.[4]

Por outro lado, esse mesmo relatório salienta que nenhuma medida de segurança foi tomada para evitar a contaminação dos moradores do entorno:[5]

> As fossas sépticas da zona principal do campo e da enfermaria do campo são esvaziadas a pedido por uma empresa contratada e aprovada pela sede da MINUSTAH em Porto Príncipe. Os serviços da MINUSTAH declararam que o empresário esvazia os reservatórios duas vezes por semana, quando chamado. A empresa contratada manda um caminhão de Porto Príncipe para coletar os dejetos com uma bomba. O conteúdo das fossas sépticas é em seguida trans-

4 *Ibidem*.

5 *Ibidem*.

> portado para o outro lado da estrada, subindo a estrada de terra de uma zona residencial até o topo da colina, onde é despejado em uma fossa a céu aberto. As águas negras de duas outras instalações da MINUSTAH – Hinche e Terre Rouge – são também transportadas e despejadas nessa fossa.

Mais do que qualquer descrição, a foto a seguir fornece uma ideia precisa das condições deploráveis e da ausência de tratamento de excreções do Campo de Annapurna:

Fossa a céu aberto destinada a recolher as excreções do Campo Annapurna[6]

6 Foto extraída do relatório dos *experts* enviados pela ONU. *Ibidem*. Fonte: https://www.un.org/News/dh/infocus/haiti/UN-cholera-report-final.pdf

Não havia nenhum procedimento para garantir que a eliminação das matérias fecais não causasse risco à população haitiana

Alguns anos mais tarde, em 2016, o jornal *The Guardian*[7] revelou a existência de um relatório secreto até então. Esse relatório analisa o estado dos sistemas sanitários dos acampamentos da MINUSTAH em novembro de 2010; portanto, um mês após o início da epidemia. As observações são assustadoras: 70% dos acampamentos despejavam suas águas servidas na natureza, e mais de 10% evacuavam essas matérias fecais sem nenhum tratamento. Logo, o caso do campo militar de Meye não era isolado. Assim, os rios eram regularmente contaminados pelos dejetos dos capacetes azuis. Esse relatório mostrava também que, na maioria dos acampamentos (exceto o campo Annapurna), nada mudou por vários anos.

O Haiti é o país com a pior classificação na América em matéria de acesso à água potável. A água dos rios é a única fonte da maioria da população, inclusive para beber, lavar roupa, lavar louça e para a higiene pessoal. Além disso, os haitianos não têm recursos para comprar filtros ou comprimidos de cloro para tratar a água antes de consumi-la.

É o caso da planície orizícola do Artibonite, onde vivem 100 mil pessoas que, por passarem o dia nos arrozais irrigados pela água do rio, ficam ainda mais expostas.

Em poucas horas, as águas contaminadas pelas dejeções dos soldados do campo Annapurna escoaram no rio Meye e depois pelas águas do rio Artibonite – o maior do Haiti – até os múltiplos canais orizícolas do celeiro agrícola do vale do Artibonite.

O equilíbrio de um meio social delicado sob o ângulo da saúde pública como o do Haiti pode ser rompido pela influência de fato-

7 https://www.theguardian.com/world/2016/apr/05/leaked-un-report-sanitation-haiti-bases-cholera-outbreak

res exógenos. Foi o que aconteceu com a chegada dos militares de nacionalidade nepalesa a serviço das Nações Unidas.

O surgimento da cólera decorrente do deslocamento dos militares

Embora os riscos sanitários relacionados aos viajantes e, particularmente, aos movimentos de tropas, sejam perfeitamente conhecidos pela comunidade médica, nada foi feito para limitar o risco de importação da cólera no Haiti.

Como dissemos, graças ao seu isolamento relativo, a população do Haiti, ainda que muito vulnerável às doenças diarreicas, jamais se confrontara com a cólera. Porém a MINUSTAH rompeu esse isolamento e aproximou os haitianos de pessoas expostas à cólera vindas do Nepal. O pessoal militar é substituído a cada seis meses, e o Nepal é um grande fornecedor de tropas da ONU. Elas são treinadas e fazem um exame médico de aptidão para as operações externas. Entretanto, esse exame não inclui uma investigação sistemática de cólera e ocorre cerca de dez dias antes da partida. Ele não poderia, portanto, detectar uma doença contagiosa.

É plausível e bastante provável que a cólera não esteja presente no Nepal permanentemente, mas o país enfrentava uma epidemia que vinha do norte da Índia desde julho de 2010.

Um artigo científico russo[8] mostra, aliás, que a cepa encontrada em outubro de 2010 no Haiti já estava presente na Índia, em julho do mesmo ano. Graças aos trabalhos de pesquisadores nepaleses, dinamarqueses e americanos, sabemos igualmente que essa mesma cepa circulou no Nepal entre julho e agosto de 2010.[9]

---

8 KULESHOV, KV e outros. «Travel-Associated Vibriocholerae O1 El Tor», Russia. Emerg Infect Dis. 2016 Nov;22(11):2006-2008.

9 HENDRIKSEN, RS e outros. "Population genetics of Vibrio cholerae from Nepal in 2010: evidence on the origin of the Haitian outbreak". MBio. 01 de setembro de 2011; 2 (4):e00157-11.

No final de setembro daquele ano, a epidemia de cólera atinge Katmandu, de onde partem os soldados 15 dias depois. A irrupção da cólera na capital do Nepal não passa despercebida à imprensa, que a registra: o *Hymalayan Times* se comove em um artigo intitulado "Cholera outbreak looms over capital". Uma captura de tela desse artigo foi conservada e um blog especializado em alerta epidemiológico ainda oferece seu conteúdo.[10]

Para os habitantes de Katmandu ou do campo nos arredores da capital, o risco de contrair cólera era pequeno, mas nesse caso eram 1.200 viajantes deixando uma zona atingida pela cólera. A probabilidade de um ou vários deles estarem contaminados não pode mais ser considerada pequena. O mínimo a fazer teria sido examiná-los justo antes de partirem e acompanhá-los de perto na hipótese de estarem em período de incubação da doença.

A partir desses fatos, não é de surpreender que a decolagem dos aviões que transportam essas tropas para o Haiti seja a primeira etapa de um processo que vai levar a uma explosão epidêmica. Nos três anos seguintes, essa epidemia vai fazer mais vítimas no Haiti do que em toda a África subsaariana.

De fato, a epidemia do Haiti apresenta características totalmente inabituais. Em geral, os epidemiologistas descrevem um primeiro doente ou, mais raramente, um pequeno grupo de doentes, com frequência um viajante ou uma pessoa em contato com um viajante. Essa pessoa é chamada de "caso index". A partir desse caso index, outras pessoas se contaminam – de início, a família e os vizinhos; depois, pessoas mais distantes, encontradas no mercado, no trabalho etc. Algumas se afastam do vilarejo e levam a doença consigo. Com essa propagação, o número de casos dobra ou triplica em uma semana, e após várias semanas a epidemia atinge toda uma região ou país.

10 https://crofsblogs.typepad.com/h5n1/2010/09/nepal-cholera-outbreak-in-kathmandu.html

Como a cólera é frequentemente mortal, a epidemia é detectada logo, após atingir poucos povoados, e é possível tomar medidas para combater e informar a população sobre os meios de proteção e cuidado.

Ora, no Artibonite, em outubro de 2010, a cólera se propagou como um tsunami, atingindo mais de dez mil pessoas em alguns dias e alcançando, em menos de um mês, todo o país e a República Dominicana vizinha (490 óbitos neste país).

A MINUSTAH sempre sustentou que não houve casos de epidemia de cólera no campo Annapurna, mas não se pode acreditar nisso.

Oficialmente, não teria havido nem um único caso de diarreia, a crer no registro da enfermaria do campo que os especialistas consultaram quatro meses após os acontecimentos. Nenhum dos soldados recém-chegados teria tido o menor problema digestivo. Isso é muito surpreendente quando se conhece a frequência das diarreias entre os viajantes. No mesmo período, no entanto, a situação vira um pesadelo para as poucas dezenas de habitantes do pequeno povoado situado nas vizinhanças do campo.

Um artigo publicado por uma equipe científica americana que trabalhava em Mirebalais descreve o caso de um paciente falecido em 13 de outubro, com um quadro clínico muito evocativo de cólera, que passava boa parte do dia se banhando no rio exatamente a jusante do campo militar.[11]

Em seu livro *Deadly River, Cholera and Cover-Up in Post-Earthquake Haïti,*[12] publicado em maio de 2016, Ralph R. Frerichs relata testemunhos colhidos por Timothy McGirk, jornalista que entrevistou habitantes de Meye. Ele encontrara em separado dois ex-empre-

11 IVERS, LC. E WALTON,DA. *The "first" case of cholera in Haiti: lessons for global health*. Am J Trop Med Hyg. Janeiro de 201;86 (1): 36-8).

12 FRERICHS, Ralph R. Deadly River: Cholera and Cover-Up in Post-Earthquake Haiti. New York: ILR Press,2016. Ver também https://www.youtube.com/watch?v=KYjdkxjXdiI

gados que trabalhavam no campo Annapurna, em outubro de 2010. Ambos diziam ter visto "muitos" soldados doentes, com vômitos. Eles próprios contraíram cólera naquele momento. McGirk também conseguiu entrevistar a família de um jovem haitiano que vendia sabão e alimentos na base. Recém-chegados, os soldados o convidaram a comer com eles. Durante a noite, ele ficou febril e teve vômitos e diarreia. Morreu a caminho de Mirebalais, no banco do carona de uma moto. Sua família dispunha de um poço em casa, e ele não se servia, portanto, da água do rio. Então, tudo indica que contraiu a cólera diretamente dos soldados ao compartilhar sua refeição.

Com muita rapidez, conforme indica o professor Piarroux no texto preparado para meu Relatório ao Presidente Privert, a situação sanitária no vilarejo de Meye e na cidade vizinha de Mirebalais se torna tão preocupante que os médicos cubanos, que atuam no hospital de Mirebalais, decidem alertar a Direção da Epidemiologia e o Laboratório Nacional na segunda-feira de manhã, 18 de outubro. Faz apenas oito dias que os soldados nepaleses chegaram. O alerta é levado a sério e, já no dia seguinte, uma equipe de epidemiologistas haitianos vai para Mirebalais. Na terça-feira de manhã, dia 19, mais de 400 casos suspeitos são atendidos no hospital dessa cidade.

Os olhares logo se voltam para as instalações do campo militar da MINUSTAH em Mirebalais. O Ministério da Saúde do Haiti começa de imediato uma investigação epidemiológica. Infelizmente, nem os epidemiologistas nem outro investigador independente da ONU foram autorizados a penetrar no campo militar, o que evitou a identificação de soldados doentes e a realização de análises microbiológicas nesses soldados nas primeiras semanas da epidemia. Isso permitiu que a ONU insistisse em suas posições e afirmasse que jamais houve epidemia entre os soldados.

A transmissão da cólera a partir do campo Annapurna

Ninguém mais duvida que as deficiências da gestão sanitária das fossas sépticas do campo provocaram a contaminação imediata do curso d'água que desemboca a jusante do campo.

Hoje se sabe que:

- logo antes de partir, os soldados nepaleses do campo Annapurna haviam sido expostos a uma epidemia de cólera;
- a cólera se disseminou no pequeno vilarejo de Meye menos de uma semana após a chegada dos soldados;
- as tubulações dos prédios sanitários desaguavam ou diretamente no rio, ou em uma vala de drenagem que desembocava no rio;
- essas tubulações foram precipitadamente retiradas assim que a epidemia foi anunciada;
- a cepa isolada do Nepal no verão de 2010 é exatamente a mesma que provocou a epidemia no Haiti.

A partir dessas provas, pode-se ainda ter alguma dúvida acerca de uma epidemia no campo militar? Se não fossem as matérias fecais contaminadas pelo *Vibrio cholerae* despejadas no curso d'água, como aqueles que consumiram a água do rio contraíram a cólera? E, se a epidemia é consequência da contaminação do curso d'água por um *Vibrio cholerae* toxigênico, de onde poderia vir esse germe patogênico senão do tubo digestivo de soldados com cólera?

Por muito tempo, sugeriu-se que o germe fora talvez introduzido no Haiti por um portador saudável da cólera que não tivesse conhecimento disso. Porém, para o professor Piarroux, a quantidade de bactérias no intestino de um portador saudável, uma vez diluída em um rio, não pode bastar para contaminar outra pessoa e, mais ainda, dezenas de milhares de pessoas, como ocorreu na planície do Artibonite.

Essa contaminação simultânea, em 19 de outubro, de dezenas de milhares de indivíduos por meio de um rio e do sistema de canais que ele alimenta constitui um acontecimento único na história recente das epidemias. Na origem desse desastre, há um incidente anódino cuja veracidade foi atestada ao professor Piarroux e ao Dr. Rebaudet, seu colega, pelo ministro haitiano da Saúde na época, Alex Larsen. Esse incidente é narrado na obra de Ralph Frerichs.

Pouco tempo após o início da epidemia, o ministro foi informado de que, em meados de outubro de 2010, um motorista substituto da empresa de saneamento encarregada de esvaziar as fossas sépticas estivera no campo de Annapurna. Sua intenção era despejar seu carregamento na fossa a céu aberto do outro lado da estrada, mas ela já estava transbordando. Após consultar seu chefe em Porto Príncipe, ele se livrou das excreções em qualquer lugar, sem perder mais tempo nesse final de dia.

Em uma auditoria interna do OIOS[13] que o professor Piarroux teve a oportunidade de analisar, está registrado que, durante visitas de campo efetuadas em 2014 nos acampamentos da MINUSTAH, o OIOS pôde observar que esta não fazia nenhum verdadeiro controle do destino dos caminhões que vinham esvaziar as fossas sépticas e se contentava com um recibo do motorista, indicando que esvaziara as fossas, sem nunca perguntar qual a real destinação das matérias fecais. Observemos que essa auditoria foi feita quatro anos após o incidente de 17 de outubro de 2010, que desencadearia a pior epidemia de cólera da história recente da Humanidade.

Um incidente anódino – um motorista que não sabe o que fazer com sua carga – provocou um desastre sem precedentes e, quatro anos mais tarde, ainda não tinham sido tomadas medidas para evitar uma recaída.

13 *Office of Internal Oversight Services*, Relatório nº 2015/068.

Por essa razão, em meados de outubro de 2010, muitos metros cúbicos de matérias fecais altamente infecciosas percorreram o rio Meye e, depois, o Artibonite até os canais que irrigam a planície orizícola, onde a epidemia vai literalmente explodir na face do povo haitiano. Esse início brutal da epidemia está claramente descrito em um artigo científico, publicado em julho de 2011 na revista do CDC, pelo professor Piarroux e por colegas haitianos e franceses.[14]

O início da epidemia de cólera foi brutal no Baixo Artibonite (distritos de Grande Saline, Saint-Marc, Desdunes, Petite-Rivière-de-l'Artibonite, Dessalines e Verrettes). Chegou ao auge em dois dias e, depois, diminuiu drasticamente até 31 de outubro. Em 19 de outubro, a Direção Departamental de Saúde recebeu um primeiro alerta de Bocozelle (distrito de Saint-Marc), onde três crianças haviam morrido de diarreia aquosa aguda na escola. No mesmo dia, grupos de pacientes com diarreia aguda e vômitos foram atendidos em um hospital de Dessalines, e relatados óbitos concomitantes na comunidade devido a uma diarreia grave e vômitos. Nas 24 horas seguintes, novos alertas foram registrados nos dez centros de saúde e hospitais de cada distrito que cobria o curso inferior do Artibonite, de Desarmes (localidade a 30 quilômetros do mar) à costa. Em 21 de outubro, ao meio-dia, 48 horas após o primeiro alerta, 3.020 casos de cólera (1.766 hospitalizações) e 129 óbitos haviam sido informados. [...] No dia 22, foram notificados casos de cólera em outros 14 distritos, a maioria nas regiões montanhosas limítrofes à planície do Artibonite e em Porto Príncipe. Visitamos vários desses distritos (Gonaïves, Ennery, Plaisance, Saint-Michel-de-l'Attalaye e Porto Príncipe) e estudamos as circunstâncias do surgimento dos surtos de cólera. Em cada caso, a cólera começou após a chegada dos pacientes que fugiram da epidemia que assolava o delta do Ar-

14 PIARROUX. Renaud e outros. *Understanding the cholera epidemic, Haiti.* Emerg Infect Dis. 2011 Jul;17(7):1161-8.

tibonite, onde inúmeras pessoas dos distritos limítrofes trabalhavam nos arrozais, nas salinas ou na construção de estradas. A epidemia mortal provocou um pânico que os fez fugir de casa. Pouco tempo depois, os surtos atingem seus distritos.

Em contrapartida, a metade sul do Haiti permaneceu relativamente incólume após seis semanas de epidemia. A análise espaço-temporal identificou clusters levemente deslocados, que se produzem a partir de 11 de outubro nos departamentos do Noroeste, de Porto Príncipe e do Norte, mais ou menos equidistantes do delta do Artibonite. No Norte, as maiores epidemias ocorreram nas principais cidades situadas nas planícies inundáveis, em particular, Cabo Haitiano e Gonaïves, mas inúmeros óbitos foram registrados nas regiões montanhosas entre a planície do Artibonite e a costa norte. Em 20 de novembro, cerca de um mês após a notificação dos primeiros casos em Saint-Michel-de-l'Attalaye (139 mil habitantes), observamos vários surtos menores de cólera em curso, atingindo um vilarejo após o outro. Quarenta e um pacientes morreram no hospital e 110, na comunidade.[15]

No texto para o presidente Privert, o professor Piarroux resgata este episódio:

> A planície do Artibonite estende-se do delta do rio, desde Verrettes, onde os braços do rio se separam, até uma porção costeira que vai de Saint-Marc, ao sul, até Estère, ao norte. A população que vive ali não é rica, tampouco é a mais pobre do Haiti. Eles têm trabalho. Nos arrozais, nas salinas, nos canteiros de obras das estradas, dezenas de milhares de pessoas provenientes dos vilarejos e dos povoados se movimentam, mas também dos morros que rodeiam a planície nos montes Matheux a sudoeste e nos

15 Ver também https://passeurdalertes.org/2017/07/17/lonu-declenche-epidemie-de-cholera-haiti-pr-renaud-piarroux-interview-integrale/

> montes do Cahot ao norte. O conteúdo da fossa séptica deve ter chegado ali, trazido pela corrente do rio Artibonite, nas primeiras horas do dia 19 de novembro, terça-feira, exatamente quando, alertada por médicos cubanos, uma equipe de epidemiologistas começava a investigar as estranhas diarreias que ocorriam na região de Mirebalais, no Platô Central, a algumas dezenas de quilômetros dali.

No rio Artibonite correm grandes quantidades de água, provavelmente bem mais de cem metros cúbicos por segundo, sobretudo no final da estação das chuvas. No entanto, a diluição foi insuficiente para impedir a contaminação de milhares de pessoas pelas bactérias provenientes da fossa séptica lançada, dois dias antes, pelo motorista do caminhão-tanque, tal a quantidade de micróbios de cólera dessa fossa. Sem um surto na tropa, não se pode explicar a presença de tantas bactérias patogênicas nas fossas sépticas do campo.

O estudo científico publicado por Piarroux, em 2010, mostra claramente que a curva epidêmica dos casos suspeitos de cólera no Baixo Artibonite se ajusta perfeitamente à hipótese de uma contaminação simultânea dos pacientes atendidos nos primeiros dias da epidemia. Um início muito brusco, um pico ao final de dois dias – duração média de incubação da cólera – e uma diminuição em alguns dias explicam os casos cuja incubação foi mais lenta ou aqueles que só receberam atendimento após um dia ou dois.

Deste modo, em 19 de outubro de 2010, o Artibonite é um rio envenenado que vai transmitir a cólera diretamente a dezenas de milhares de pessoas ao mesmo tempo e, indiretamente, a centenas de milhares de haitianos no intervalo de algumas semanas.

As consequências

Como um político nunca acredita no que diz, ele se surpreende quando acreditam na sua palavra.

Charles de Gaulle

A epidemia de cólera terá consequências devastadoras em todo o país. Milhares (na verdade, dezenas de milhares como veremos a seguir) de vidas humanas serão perdidas, centenas de milhares de pessoas serão afetadas, provocando danos morais e materiais coletivos no plano social, econômico, político e psicológico. Nas duas próximas seções são descritos os contornos da realidade de uma catástrofe e suas dimensões para o Haiti e seu povo.

As vítimas humanas

O número de vítimas atribuído à epidemia nas estatísticas oficiais totaliza 819.032 casos suspeitos e 9.785 óbitos no último recenseamento do Ministério da Saúde Pública e da População da República do Haiti (MSPP), de fevereiro de 2018.[1] Segundo o professor Piar-

1 Consultar https://mspp.gouv.ht/site/downloads/Profil%20statistique%20Cholera%207SE%202018.pdf Por outro lado, o conselheiro César A Cuevas Pérez, da embaixada da República Dominica no Haiti, redigiu um Relatório, não público, em vários volumes, com o título Evolución del Cólera en Haití, no qual se encontra uma rica informação sobre o número, condições e fatos acerca da epidemia mortal. Há dados também sobre as vítimas dominicanas.

roux, esses números, já impressionantes, subestimam consideravelmente a realidade, em especial da primeira onda epidêmica, entre outubro de 2010 e março de 2011. Em sua contribuição ao relatório destinado ao presidente Privert, ele se baseia em dois estudos feitos pelos *Médicos sem Fronteiras* e por Épicentre para redimensionar o balanço já mortífero da epidemia. O primeiro estudo se voltou para os casos de diarreias e de óbitos de uma população rural de quatro distritos do norte do país (Plaisance, Pilate, Port-Margot e Borgne).[2] Dos 173.903 sujeitos da pesquisa, 16.946 foram selecionados aleatoriamente e questionados sobre os casos de diarreias aquosas e os óbitos associados nos seis primeiros meses da epidemia.

Esse questionário permitiu observar um grande número de episódios diarreicos (2.043 casos, o que representa um habitante em oito). Faleceram 275 pessoas, sendo que 224 em um episódio de diarreia aquosa. Extrapolando à população rural desses quatro distritos, os epidemiologistas que fizeram a investigação calcularam que isso representava, nessa pequena zona geográfica, 2.375 óbitos atribuíveis a diarreias aquosas nos seis primeiros meses da epidemia.

O segundo estudo[3] usa uma metodologia bastante similar, mas em uma zona geográfica diferente, que inclui cidades (a totalidade de Gonaïves e um bairro de Cabo Haitiano) e zonas rurais (localizadas no departamento do Norte, mas fora da zona anteriormente estudada). O número estimado de óbitos (5.296) é, mais uma vez, muito superior àquele esperado para um período de seis meses em uma população de 403.505 pessoas. Os autores estimaram em 3.046 o número de óbitos em excesso. A atribuição desses óbitos à

2 Ver https://journals.plos.org/plosntds/article?id=10.1371/journal.pntd.0003605 bem como PAGE, Al e outros, Geographic distribution and mortality risk factors during the cholera outbreak in a rural region of Haiti, 2010-2011. PLoS Negl Trop Dis.26 de março de 2015 ; 9(3):e0003605.

3 LUQUERO, FJ e outros. *Mortality Rates during Cholera Epidemic, Haiti, 2010-2011*. Emerg Infect Dis. 22 de março de 2016; (3):410-6.

epidemia de cólera é reforçada pelo fato de que, em cada um dos sítios, a grande maioria dos óbitos identificados se relaciona a um episódio de diarreia aquosa.

Embora esses artigos científicos ofereçam uma ideia bastante exata da mortalidade por cólera nas zonas estudadas, eles descrevem situações locais e não o que ocorreu em todo o território haitiano. Entretanto, observemos que, adicionando os 2.375 óbitos evocativos de cólera em seis meses do primeiro estudo (1,36% dos 173.8903 habitantes de uma zona rural recuada) e os 3.406 óbitos em excesso, também em seis meses, do segundo estudo (0,84% da mortalidade em excesso em outra zona mais díspar que incluía setores rurais e urbanos, com 403.505 habitantes), foram registrados 5.781 óbitos para 577.408 habitantes. Em outras palavras, nas zonas incluídas nos dois estudos, cerca de um habitante em cem morreu de cólera nos seis primeiros meses da epidemia. Ora, no mesmo período, somente 4.470 óbitos foram recenseados oficialmente no conjunto do país (de aproximadamente 11 milhões de habitantes), ou seja, proporcionalmente 20 vezes menos.

Com certeza, esses dados de mortalidade foram medidos em uma zona muito pequena e não podem ser estendidos a todo o país sem que se tome um mínimo de precauções metodológicas. Todavia, milhões de haitianos vivem nos morros com pouco acesso a atendimento médico, e a situação que prevalecia nas zonas rurais estudadas pelos MSF era similar em muitas outras regiões rurais do país. Por essa razão, a taxa de uma morte para cem habitantes poderia ser grosseiramente representativa da amplitude da catástrofe, pelo menos na metade norte do país, primeira a ser atingida pela epidemia. Para o professor Piarroux, então provavelmente foram dezenas de milhares de haitianos que falecem, na metade norte do país, quando da primeira onda epidêmica, entre outubro de 2010 e março de 2011.

O restante do país não foi poupado, longe disso. Porém, curiosamente, os sinistrados do terremoto de janeiro de 2010 que se amontoavam nos acampamentos de Porto Príncipe não foram os mais atingidos. Um relatório oficial das Nações Unidas, do fim de outubro de 2010, confirma que o problema da cólera nos acampamentos de refugiados no Haiti fora muito provavelmente superestimado:

> No início, a vulnerabilidade dos acampamentos causou uma grande preocupação, mas, na realidade, os riscos eram menores nesses acampamentos do que nas favelas e nas comunidades rurais graças ao acesso regular à água potável e ao saneamento das instalações já prontas.[4]

Mesmo que os acampamentos não tenham desempenhado o papel de amplificadores da epidemia de cólera, a aglomeração de Porto Príncipe foi amplamente atingida. Em um balanço publicado em 2013,[5] cientistas americanos indicaram que não menos de 164.423 pessoas haviam contraído cólera na aglomeração de Porto Príncipe nos dois primeiros anos da epidemia. No entanto, embora registre mais de 1.065 óbitos em dois anos, a situação na capital e seus arredores está longe de ser tão dramática quanto a que prevaleceu em certas regiões do Haiti. Em Porto Príncipe, os habitantes puderam pelo menos receber tratamento em centros corretamente equipados com relativa facilidade, graças a um apoio externo na maioria dos casos.

Fora da capital, a situação foi bem mais grave. Por fim, na península sul do país, a cólera chegou após certo tempo de latência e é

---

4 Relatório das Nações Unidas no Haiti 2010. in: https://reliefweb.int/report/haiti/rapport-des-nations-unies-en-ha%C3%AFti-2010-situation-d%C3%A9fis-et-perspectives

5 BARZILAY e outros. Cholera surveillance during the Haiti epidemic - the first 2 years. *New England Journal of Medecine.* 14 de fevereiro de 2013 14;368(7):599-609.

provável que os surtos tenham sido em parte amortecidos. Contudo, apesar das gritantes carências de acesso aos parcos recursos de saúde, a situação de enclave das comunidades rurais nesta região, distantes umas das outras e de difícil acesso, aparentemente impediram que a epidemia provocasse uma grande mortalidade na região. Entretanto, contrariamente à parte norte do país, não houve nenhum estudo no sul que permitisse estimar o número de óbitos causados pela cólera.

Esse balanço macabro diz respeito apenas aos primeiros meses da epidemia e, como não dispomos de nenhum estudo sobre o impacto real da epidemia nos anos seguintes, observemos simplesmente que, graças às ondas sucessivas de cólera, o número de casos agora dobrou nas estatísticas oficiais em relação aos seis primeiros meses.

Além da grande quantidade de vítimas, a cólera provocou outros danos que hipotecam o futuro do país e o lançam numa crise permanente.

Os danos morais e materiais coletivos

Paralelamente aos dramas individuais e familiares provocados pela chegada inopinada e brutal da epidemia de cólera, os bens públicos haitianos sofrem danos consideráveis. Os parcos recursos humanos, financeiros e materiais de que dispõem os poderes públicos devem ser redistribuídos para enfrentar a epidemia. Atividades econômicas diminuem, o que provoca consequências no recebimento de impostos. O promissor setor de turismo recebe um golpe de misericórdia. A imagem do país fica manchada por décadas.

De acordo com a lógica jurídica que determina que o responsável por um ilícito deve reparação, os danos materiais provocados pela suspensão das atividades econômicas de todas as vítimas devem ser reparados. Do mesmo modo, os danos coletivos devem ser reconhecidos e compensados.

O pensamento jurídico mais moderno sobre o patrimônio leva em consideração os bens que não podem receber uma definição de preço, por exemplo, a paisagem – histórica, cultural e ambiental. O caráter patrimonial de um bem é importante para identificar como proceder para avaliá-lo do ponto de vista econômico. Uma vez lesado, esse patrimônio deve ser objeto de indenização.

Ainda que os bens não patrimoniais não possam ser indenizados, eles devem ser objeto de compensação. Desse modo, os bens sem definição de preço, tais como as águas, o equilíbrio ecológico e a sobrevivência das espécies (humanas, animais e vegetais), a partir do momento em que sofrem uma agressão, devem ser compensados. Portanto, as Nações Unidas devem reconhecer tanto os danos materiais quanto os danos morais coletivos e, consequentemente, repará-los por meio do pagamento de indenizações e compensações.

A impostura das Nações Unidas

As mentiras têm vida longa: uma vez desmascaradas creem ser verdades.

Stanislaw Jerzy Lec

A ONU, especialmente a MINUSTAH, logo compreendeu que, devido à sua negligência e as manobras de diversão que se seguiram à eclosão da epidemia, ela provocara uma catástrofe ainda maior, que levaria o Haiti a entrar em um ciclo de crise profunda que redundaria em sofrimento por longos anos. Alguns preveem até mesmo a permanência da cólera por décadas. E então, ao invés de se desculpar publicamente e buscar reparar o mais rápido possível o que ainda podia ser reparado – suspender a hecatombe, assistir as famílias das vítimas falecidas, ajudar o país a revalorizar sua imagem –, a ONU opta por uma campanha de desinformação de amplitude excepcional. Seu objetivo é levar a crer que a cólera já estava ali, escondida no ambiente haitiano, e que o clima, a pobreza da população e o terremoto eram os verdadeiros responsáveis por essa catástrofe. E, tanto pior se a esperança de eliminar a cólera desvanecesse por causa disso: como mobilizar fundos e motivar atores, se eles precisam enfrentar uma doença enraizada no meio ambiente e passível de emergir e se disseminar sempre que as condições de temperatura e de umidade lhe forem favoráveis?

A negação absoluta

Essas acusações de mistificação são evidentes à leitura de *Deadly River*. O autor Ralph Frerichs descreve os obstáculos que a ONU colocou no caminho daqueles que tentaram conhecer a verdade sobre a epidemia, a começar pelos epidemiologistas e jornalistas intrigados por sua partida tão brutal. Assim que a venerável instituição compreendeu que a verdade sobre a origem da epidemia poderia manchar sua reputação e colocá-la diante de responsabilidades que ela não tinha nenhuma intenção de assumir, tudo foi feito para desorientar a busca da causa da epidemia e também a luta para combatê-la.

A maioria das informações que segue foi extraída de *Deadly River*. Se os militares da MINUSTAH tivessem de imediato informado os casos suspeitos de cólera no campo Annapurna às autoridades haitianas, elas poderiam ter tomado medidas sem demora: as águas servidas, as fossas sépticas e as latrinas teriam sido logo desinfetadas, as tubulações que desembocavam nos rios teriam sido desviadas para um sistema de descontaminação, as populações vizinhas teriam sido informadas do risco e dos meios de proteção, cloro poderia ter sido distribuído, os doentes eventuais, elencados e tratados precocemente em centros concebidos de modo a não contaminar outras pessoas. Assim, a epidemia poderia ter sido evitada ou, no mínimo, ter permanecido limitada ao campo militar e às suas redondezas.

Em contrapartida, uma vez despejada a fossa séptica no rio, não restavam mais do que algumas horas para proteger a população de Mirebalais e um dia ou dois para evitar o surto na planície costeira. O que equivale a dizer que era uma missão impossível.

O presidente René Préval declarou, em 22 de outubro, que estava "em condições de confirmar que se trata exatamente de cólera". No dia seguinte, ele se dirigiu à região do Baixo Artibonite e insistiu que se fizesse uma investigação para identificar a fonte da contaminação.

Por outro lado, confirmou que se tratava de uma *doença importada*, retomando as declarações de seu ministro da Saúde, Alex Larsen.[1]

A investigação da epidemia tinha o único objetivo de determinar com precisão as circunstâncias da epidemia a fim de combatê-la de modo eficaz e evitar uma catástrofe similar no futuro. Ninguém desejava vingança, uma retaliação ou um acerto de contas.

Como se precisava definir o mais rápido possível uma estratégia para lutar contra esse mal invisível e mortal, era indispensável conhecer o inimigo, identificá-lo, delimitá-lo e descobrir suas eventuais fraquezas. Em suma, sabendo de onde vinha e como se disseminara de maneira tão brutal, poder-se-ia definir melhor seu comportamento e tomar as medidas mais adequadas.

Logo apontadas por uma parte da mídia como responsáveis pela epidemia, as Nações Unidas optaram, no entanto, por negar totalmente sua responsabilidade. Em seguida, afirmaram ter efetuado testes que se revelaram todos negativos. Mesmo quando a imprensa internacional publicou uma foto mostrando um caminhão-tanque a serviço da ONU despejando dejetos corporais na natureza – prática corriqueira – elas mantiveram sua posição.

1 https://www.lemonde.fr/ameriques/article/2010/10/22/le-president-haitien-confirme-l-epidemie-de-cholera_1430032_3222.html

Despejo de esgoto de um campo da ONU perto de Porto Príncipe em 2010. Foto de Lahiny Pierre. Licenciada pela *Creative Commons.*[2]

Na tarde da sexta-feira, 29 de outubro de 2010, manifestantes, essencialmente jovens e estudantes, gritavam "*Abaixo a MINUSTAH! Abaixo a cólera importada!*" em frente à base da MINUSTAH, em Mirebalais.

Eu estava no gabinete de Edmond Mulet – Representante Especial do SGNU no Haiti e Chefe da MINUSTAH – e nos perguntamos se ele não precisaria evacuar os militares nepaleses da base a fim de acalmar os protestos. Foi então que me confessou que a eventual evacuação dos militares nepaleses corria o risco de ser interpretada como um reconhecimento de culpa. Decidiu então mantê-los na base e aumentar as medidas de segurança no seu entorno. Todavia, logo a negação absoluta mostrará suas limitações. Assim nasce a segunda fase da estratégia de desresponsabilizar as Nações Unidas. Ela se resume a sua natureza multifacetada: como são muitos os culpados, inclusive as vítimas, inútil tentar encontrá-los.

2 Fonte: https://thetyee.ca/Culture/2016/06/22/Cholera-In-Haiti/.

As manobras de diversão

Enquanto as Nações Unidas buscavam incrementar sua estratégia, a bactéria se disseminava rapidamente. Em novembro, a cada 38 segundos, uma pessoa era infectada; em dezembro, quando o pico foi atingido, a cada 18 segundos uma nova vítima era contabilizada.

Desde o anúncio da epidemia, muitos discursos foram feitos para explicar, em substância, que era inútil buscar a origem da epidemia, que investigar seria uma perda de tempo para as equipes médicas, pois era melhor tratar os doentes, e que era perigoso, até mesmo irresponsável, apontar um país ou um grupo como a origem da epidemia.

Os elementos precisos dessa estratégia de comunicação foram largamente descritos no livro de Ralph R. Frerichs.[3] Vale observar que esse discurso dominante foi compartilhado por membros das agências das Nações Unidas, uma parte das autoridades governamentais haitianas, pela grande maioria dos diplomatas lotados no Haiti e até por pesquisadores que viam ali a oportunidade de validar teorias científicas que, segundo eles, explicavam os vínculos entre o clima e as epidemias de cólera.

Porém, essas teorias não vieram à tona por acaso. Ao contrário, elas pareciam explicar perfeitamente os dados epidemiológicos que certas agências da ONU divulgavam. A MINUSTAH rapidamente liderou uma campanha de desinformação, enviando à imprensa informações errôneas para levar a crer que a epidemia começara na planície costeira do Artibonite, longe do campo Annapurna, e isso antes de 9 de outubro, data de chegada do contingente nepalês incriminado na importação da cólera no Haiti.

Como indica Frerichs em *Deadly River*, foi em 22 de outubro, ou seja, no dia seguinte à publicação do comunicado à imprensa da Organização Pan-americana de Saúde, que confirmava a ocorrên-

3 FRERICHS, Ralph R. *Op. cit.*

cia da cólera no Haiti, que a MINUSTAH divulgou uma nota em seu *site*, estabelecendo a data de origem da epidemia:

> O primeiro caso de cólera [...] foi registrado em 24 de setembro, no Baixo Artibonite, uma zona em que boa parte da população [...] vive em condições precárias, particularmente sem água potável e sem sanitários.

Também se indicava na nota que essa informação provinha do MSPP. No entanto, a data de 24 de setembro e a origem da epidemia na parte baixa do Artibonite, perto da costa, jamais haviam sido mencionadas em nenhum comunicado à imprensa nem citadas por ninguém na mídia.

Na realidade ninguém conseguiu encontrar o menor vestígio desses casos oportunamente ocorridos em setembro de 2010; tampouco foi possível achar o autor dessa afirmação supostamente fornecida pelo ministério da Saúde.

Mesmo que o comunicado de imprensa não esteja mais disponível na internet, uma captura de tela foi preservada e pode ser vista no *site* atualizado por Ralph R. Frerichs.[4]

Esse comunicado foi o primeiro elemento de uma campanha de desinformação destinada a fazer da cólera a consequência inelutável do terremoto ocorrido dez meses antes, associada a anomalias climáticas que favorecem a proliferação da bactéria da cólera nas águas do estuário do Artibonite. De fato, há uma teoria ambiental da cólera que postula que, considerando que *Vibrio cholerae* foram observados nas águas de certos rios e de estuários e que, no Sul Asiático, berço da cólera, seu número aumenta durante a estação das chuvas juntamente com o plâncton. Seria de lá que partiriam as epidemias de cólera nas populações humanas.

4 http://www.deadlyriver.com/C3.html.

Essa teoria foi bem acolhida, pois estabelece um vínculo entre um problema sanitário maior e as mudanças climáticas.

Várias explicações foram então propostas para isso. O *Vibrio cholerae* podia estar lá desde sempre e ter mutado recentemente, ou ter migrado por correntes submarinas devido ao sismo de 2010, ou então ter sido levado para aquela zona pela água contida no balastro de navios do mundo inteiro que acostaram no porto de Saint Marc, cidade situada alguns quilômetros ao sul do delta do rio Artibonite.

Entretanto, nenhuma dessas teorias poderia ser levada a sério já que se sabia que o ponto de origem da epidemia se encontrava em torno de Mirebalais, no Departamento do Centro. Essa cidade do Baixo Platô está localizada a dezenas de quilômetros da costa. Do mesmo modo, o vilarejo de Meye era o lugar mais improvável para desencadear uma epidemia de cólera vinculada ao meio ambiente costeiro. A população de Meye é composta por agricultores, não pescava no litoral e não consumia peixes e frutos do mar. Portanto, o fato de os primeiros casos de cólera terem ocorrido em Mirebalais contradizia frontalmente as hipóteses ambientais e climáticas levantadas acerca da origem da epidemia.

Em seu livro, Frerichs nos mostra como, para evitar esse obstáculo, diversas agências das Nações Unidas foram então conclamadas a contribuir com mapas e figuras explicando a origem da epidemia e ocultando os primeiros casos ocorridos no departamento do Centro. Ora, o início da epidemia havia sido tão repentino que, antes mesmo que o primeiro caso ocorresse no Baixo Artibonite, centenas de pacientes já haviam sido atendidos no hospital de Mirebalais. Assim, o *site* da OPAS – ramo americano da OMS –, ao descrever a epidemia de cólera na ilha de Hispaniola, apresenta até hoje um mapa interativo da cólera no Haiti que omite justamente os casos de cólera ocorridos no departamento do Centro na primeira semana fatídica.[5]

5 https://new.paho.org/hq/images/Atlas_IHR/CholeraHispaniola/atlas.html.

Trata-se da semana que inicia em 18 de outubro, segunda-feira, dia em que os médicos cubanos soaram o alerta e no qual mais de 2.000 casos suspeitos foram notificados pelo hospital de Mirebalais. Todavia, no *site* da OPAS, não há registro de nenhum caso no departamento do Centro.

O *Escritório das Nações Unidas* de *Coordenação de Assuntos Humanitários* (OCHA) fará o mesmo, apresentando – em uma figura amplamente reproduzida na época – as primeiras etapas da cólera e tomando o cuidado de só mostrar os casos do departamento do Centro a partir da terceira imagem para que todos pudessem compreender que a cólera havia começado no departamento costeiro do Artibonite.

Inúmeros outros mapas e figuras serão divulgados por essas agências das Nações Unidas, situando na região do Artibonite e não no Centro o ponto de partida da epidemia. Essa campanha de desinformação será tão intensa que acabará levando as equipes médicas cubanas a publicar um artigo científico colocando os pingos nos i: nele, os médicos afirmam, com razão, que a cólera não havia começado no Artibonite, mas sim em Mirebalais, onde trataram os primeiros pacientes.[6]

Por fim, faltou pouco para que essa versão dos fatos se tornasse a versão oficial sobre o início da epidemia de cólera no Haiti. Jornalistas haviam certamente mostrado que a gestão das excreções no campo Annapurna não era bem feita, um boato indicava que, uma noite, o motorista de um caminhão-tanque havia despejado o conteúdo de uma fossa séptica no Artibonite ou em um de seus afluentes, mas tudo isso teria sido logo esquecido, pois uma notícia apaga a outra e, para muitos, o vínculo com a epidemia no Artibonite não havia sido formalmente estabelecido.

Felizmente, dois estudos científicos – um relatando as investigações epidemiológicas feitas em outubro e em novembro de 2010 e

6 LLANES, R e outros, Did the cholera epidemic in Haiti really start in the Artibonite Department? *J Infect Dev Ctries.* 15 de outubro de 2013 ;7 (10):753-5.

retraçando a disseminação espacial da epidemia em suas primeiras semanas;[7] o outro comparando os códigos genéticos das cepas de *Vibrio cholerae* isoladas nas epidemias de 2010, no Nepal e no Haiti[8] – mostraram a convicção da comunidade científica de que a cólera no Haiti fora importada do Nepal por ocasião da substituição de um contingente de soldados da MINUSTAH, em outubro de 2010.

Eis como se apresenta a real progressão da epidemia de acordo com um estudo de Frerichs e Piarroux publicado em 2012. Sua trajetória vai do centro para o litoral, seguindo o curso d'água e atingindo todos os vilarejos, lugarejos e cidades ribeirinhas:

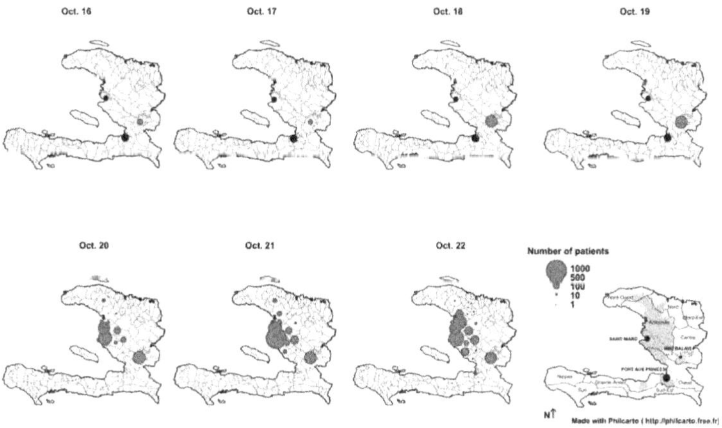

Artigo de Frerichs e Piarroux (Frerichs et al 2012). O Rio Artibonite está em azul. O ponto de partida da epidemia é o distrito de Mirebalais, local do campo Annapurna.

Um dos personagens mais céticos com as explicações das Nações Unidas é Fidel Castro Ruz. Embora retirado da vida política

7 PIARROUX, R. e outros. Understanding the cholera epidemic, Haiti. *Emerg Infect Dis*. 17 de julho de 2011 ; 17(7):1161-8.

8 HENDRIKSEN e outros. Population genetics of Vibrio cholerae from Nepal in 2010: evidence on the origin of the Haitian outbreak. *MBio*. 19 de setembro de 2011; 2 (4):e00157-11.

oficial cubana, Castro acompanhava atentamente através de suas *Reflexões*[9] a atualidade internacional. Nesta, o Haiti e seus dramas ocupam lugar de destaque. Particularmente na área da saúde pública já que médicos cubanos trabalham no país desde 1998.

Em fins de dezembro de 2010, sob o título *A batalha contra a cólera,*[10] Fidel Castro faz um sobrevoo da cooperação médica cubana e menciona a luta contra a cólera. Naquele momento, o número oficial de mortos pela cólera se eleva a 2.707 para uma taxa de letalidade de 2,1%. Durante três dias consecutivos não morreu um só doente de cólera entre os atendidos pela Missão Médica Cubana. A taxa de letalidade já caiu a 0,57 entre os 47 537 pacientes tratados por eles. O elogio à cooperação médica cubana no Haiti é contraposto a ácidas críticas à ONU, instigada pelos Estados Unidos, criador da pobreza e do caos na República haitiana, tinha decidido enviar ao território do Haiti suas forças de ocupação, a MINUSTAH que, de passagem, introduziu a epidemia de cólera nesse país irmão.

Embora o objetivo de seu artigo fosse defender minhas declarações concedidas em entrevista ao jornal suíço *Le Temps*[11] – por exemplo, Castro indica que pode-se ou não estar de acordo com cada uma das palavras do brasileiro Ricardo Seitenfus, mas é inquestionável que disse verdades lapidares em suas respostas.

Fidel Castro é o primeiro personagem da política internacional a apontar, de maneira peremptória, a culpabilidade das Nações Unidas.

A pletora de explicações estapafúrdias leva as Nações Unidas a lançar mão da terceira fase de sua estratégia de desresponsabilização. Nesta conclui-se que são muitos os culpados, inclusive as vítimas e, portanto, é inútil e contraproducente tentar identificá-los.

9 http://www.cubadebate.cu/categoria/reflexiones-fidel/.

10 http://www.granma.cu/reflexiones-fidel/2010-12-27/la-batalla-contra-el--colera e https://www.marxists.org/portugues/castro/2010/12/27.htm.

11 http://www.seitenfus.com.br/arquivos/letemps.pdf; http://www.seitenfus.com.br/visualizar.asp?t=noticias&ID=72; http://axisoflogic.com/artman/publish/Article_61939.shtml.

Uma suposta e infeliz combinação de circunstâncias

Finalmente, a pressão da realidade, que contrariava às suas explicações incoerentes, levou o Secretário-Geral das Nações Unidas a solicitar um relatório a uma comissão composta por especialistas independentes. Apesar da falta da autonomia indispensável e do emprego de um vocabulário diplomático mais destinado a encobrir do que a revelar, as observações dos membros do painel quase não dão margem a dúvida sobre o ponto de partida da epidemia.

Esse relatório confirmava a deficiência do sistema de evacuação das latrinas do campo Annapurna. A fossa de estocagem das matérias fecais ficava a céu aberto, sem proteção e próxima de um terreno onde crianças brincavam. Nos dias de chuva, ela transbordava e seu conteúdo desaguava no rio Meye, que fornecia água para a população. A epidemia nasceu exatamente nesse lugarejo.

Esses especialistas entregaram o relatório ao SGNU em maio de 2011.[12] Nele, analisam o problema a partir do eixo epidemiológico, da água, do saneamento e da análise molecular. Eliminam as "causas naturais", salientando que as evidências não sugerem que a epidemia decorra de uma causa natural do meio ambiente.

A seguir os especialistas admitem que a origem da cólera no Haiti [se devia] a uma contaminação do rio Meye, afluente do Artibonite, por uma variedade patogênica comum no Sul Asiático, do tipo *Vibrio cholerae*, resultado da atividade humana.

Ainda que todas as descobertas já mostrassem o envolvimento das tropas nepalesas das Nações Unidas, os especialistas se abstiveram de responsabilizar a MINUSTAH. Chegaram até mesmo a declarar que a epidemia fora causada pelo concurso de várias cir-

12 Nações Unidas, Final Report of the Independent Panel of Experts on the Cholera Outbreak in Haiti. Disponível em: https://www.un.org/News/dh/infocus/haiti/UN-cholera-report-final.pdf.

cunstâncias e não era culpa, ou não se devia à ação deliberada de um grupo ou de um indivíduo.

Convém ressaltar que a definição de inexistência de culpa é atributo de uma jurisdição internacional e não a opinião de profissionais da saúde leigos nessa área. E mesmo que não se possa nem afirmar nem negar a existência de uma ação deliberada de uma pessoa ou grupo, houve, sem sombra de dúvida, negligência grave da MINUSTAH.

Finalmente, em suas recomendações dirigidas às Operações de Manutenção da Paz das Nações Unidas, o relatório reconhecia implicitamente que medidas sanitárias preventivas não haviam sido tomadas e sugeria que a Organização submetesse seus militares a visitas médicas antes de enviá-los em missões.

A ONU se ateve à sua teoria do "concurso de várias circunstâncias" para se eximir de qualquer responsabilidade direta. No entanto, o documento já fornecia todos os elementos para o estabelecimento de um vínculo causal entre a origem da cólera e a contaminação pelos dejetos corporais dos soldados nepaleses da base de Mirebalais. Nele se diz que:

> 1 - as cepas são geneticamente idênticas, indicando uma fonte única para a epidemia no Haiti, e a bactéria é muito similar, mas não idêntica, às cepas da cólera do Sul Asiático atualmente em circulação na Ásia, confirmando que a bactéria da cólera não provinha do meio ambiente haitiano;
>
> 2 - a origem da epidemia de cólera do Haiti vem da contaminação fecal do rio Meye, um afluente do Artibonite, por meio de uma cepa patogênica do Sul Asiático;
>
> 3 - o calendário sugere que a contaminação provocou uma epidemia de cólera explosiva que se disseminou pelo rio Artibonite.

Embora sublinhem que a epidemia não teria sido possível sem deficiências simultâneas do sistema de adução de água, do saneamento e do atendimento médico. A evidente constatação não dirime em nada a responsabilidade das Nações Unidas pelas contaminações e mortes decorrentes da introdução da cólera no país. Circunstância agravante, as Nações Unidas não só negligenciaram as condições sanitárias de suas instalações em um país com uma infraestrutura já fragilizada, mas também adotaram a atitude perversa e indigna daqueles que acusam as vítimas por não terem conseguido resistir aos males que as afligiam.

Em 27 de fevereiro de 2013, o MSPP lançou o Plano de Eliminação da Cólera 2013-2022.[13] Ele destaca quatro áreas: água e saneamento, serviços de saúde e gestão dos tratamentos de saúde, epidemiologia e promoção da saúde, da higiene e da nutrição.

A ausência de infraestrutura na gestão das águas servidas e do lixo doméstico torna o país vulnerável às doenças hídricas, como a cólera, e são necessários investimentos pesados. Calculado em mais de 2,2 bilhões de dólares americanos, o Plano foi visivelmente escrito a quatro mãos: duas haitianas e duas estrangeiras. As duas mãos haitianas querem se servir da epidemia de cólera para resolver as gritantes fragilidades no campo da saúde pública. As estrangeiras, ao insistirem nas condições sanitárias ótimas encontradas pela cólera para sua disseminação em terra haitiana, tentam descartar a responsabilidade das Nações Unidas. Essas quatro mãos agem de modo nocivo em detrimento das vítimas, como demonstram Renaud Piarroux e Stanislas Rebaudet, em um relatório de missão destinado a esclarecer os dirigentes sobre as estratégias de luta a serem adotadas:

> Para os redatores do Plano, a cólera é, primeiramente, consequência das condições sanitárias em que vive a população haitiana. Prova disso é que a origem exata dessa epidemia de cólera, embora perfeitamente conhecida na

13 https://reliefweb.int/report/haiti/plan-d%E2%80%99elimination-du-cholera-en-ha%C3%AFti-2013-2022.

época, nem mesmo é mencionada. A ideia subjacente é que as “verdadeiras” razões da epidemia e de sua violência desigual na história recente da humanidade são o meio ambiente haitiano, considerado ótimo para a proliferação da bactéria, e as condições de vida dos haitianos, que possibilitam a ocorrência de epidemias interativas a partir de um reservatório ambiental.

Consequentemente, a luta contra a cólera só pode se basear, segundo esse Plano, em uma abordagem de longo fôlego, que vise melhorar duradouramente o acesso ao atendimento médico, à água potável e a instalações sanitárias, enquanto sensibiliza a população às boas práticas da higiene. A gestão dos dejetos sólidos, ainda que muito indiretamente ligada à problemática da cólera, figura entre as grandes prioridades desse plano.

Em tal abordagem, o problema da cólera só poderá ser resolvido por meio da educação da população e com um nível de vida em que as condições de transmissão da cólera, considerada uma doença da pobreza, tenham desaparecido.

[...] Se cada habitante dispusesse de acesso à água potável, de banheiros e de um bom acesso a tratamento médico e se, por outro lado, ele aplicasse ao pé da letra as boas práticas de higiene, o problema da cólera estaria resolvido. É verdade, mas, na melhor das hipóteses, serão necessárias décadas para chegar a isso. Até lá, quantos novos casos e óbitos ocorrerão? [...] No final, o Plano de Eliminação da Cólera no Haiti assume o aspecto de um plano de desenvolvimento visando a melhorar globalmente a saúde dos haitianos no âmbito de uma abordagem integrada.[14]

---

14 PIARROUX, Renaud e REBAUDET, Stanislas. Le Choléra en Haïti Historique de l'épidémie et de la lutte Perspectives Recommandations, Assistance Publique-Hôpitaux de Marseille (APHM) Julho de 2016. Consultar http://www.deadlyriver.com/pdf/Rapport%20Cholera%20en%20Haiti%20Juillet%202016%20Final.pdf.

Uma confissão implícita contraposta a uma pretensa imunidade

A resistência da ONU a admitir sua responsabilidade contribuiu para a rápida disseminação da doença, para a utilização inadequada de recursos que foram concentrados na região urbana em detrimento das zonas rurais mais afetadas por causa do modelo de contaminação. Disso resultou o fracasso de elaboração de projetos de longo prazo para enfrentá-la. Contudo, a inflexível posição das Nações Unidas sofre progressivamente uma evolução.

Em março de 2012, o ex-presidente Bill Clinton, enviado especial do Secretário-Geral das Nações Unidas para o Haiti, ao visitar um hospital da região central do país, admitiu publicamente:

> Não sei se a pessoa que introduziu a cólera no Haiti, seja um guardião da paz da ONU ou um soldado do Sul Asiático, tinha consciência de que levava o vírus. Isso foi a causa primeira da cólera. Já que ela carregava a cepa da cólera. Ela partiu de seus dejetos para os rios do Haiti e para os corpos dos haitianos.[15]

Mesmo tendo afirmado em seguida que a falta de um sistema sanitário no país propiciara a disseminação da epidemia, as declarações do enviado especial do SGNU representavam a primeira grande fissura na estratégia de denegação do crime por parte das Nações Unidas.

Em julho de 2012, Susan Rice – representante dos Estados Unidos nas Nações Unidas – recebeu uma carta assinada por 104 membros do congresso americano, informando que a cólera fora introduzida no Haiti pelas ações das Nações Unidas e solicitando que estas combatessem e eliminassem a doença.[16]

15 in: ABC News, 9 de março de 2012.

16 https://www.nytimes.com/2012/05/13/opinion/sunday/haitis-cholera-crisis.html.

Ao final do mês de outubro de 2012, a Dra. Danièle S. Lantagne, especialista que integrara a equipe de epidemiologistas contratados pelo SGNU para analisar a origem da cólera no Haiti, após ter estudado os dados moleculares pelo método de sequenciamento do genoma completo, confirma sua origem nos seguintes termos:

> Sabemos agora que a cepa da cólera no Haiti corresponde exatamente à cepa da cólera no Nepal. [...] Podemos agora dizer que a origem mais provável de introdução da cólera no Haiti foi uma pessoa infectada pela cepa de cólera no Nepal e associada ao campo das Nações Unidas em Mirebalais.[17]

Apesar dessas declarações, não há qualquer reconhecimento da culpa das Nações Unidas, e ainda menos de sua responsabilidade legal. Assim, em fevereiro de 2013, o anúncio do pedido de indenização do Instituto para a Justiça e a Democracia no Haiti (IJDH), que representa milhares de vítimas, não foi recebido: ele foi rejeitado *in limine* porque, segundo o artigo 7 (Seção 29 da Convenção sobre os privilégios e imunidades das Nações Unidas, de 13 de fevereiro de 1946), os membros das Operações de Paz a serviço das Nações Unidas se beneficiam de imunidade em suas atividades. Por conseguinte, não podem ser objeto de contestação ou de queixas administrativas e judiciais. Em caso contrário, a aceitação do exame desses pedidos deveria necessariamente implicar uma reavaliação das questões políticas e estratégicas.

Em 23 de novembro de 2013, Edmond Mulet, na ocasião chefe das Operações de Manutenção das Paz das Nações Unidas e ex-representante especial do SGNU no Haiti, declara, em uma conferência organizada no *Tolerance Centre de New York*, que a causa da presença da cólera no Haiti provém do subdesenvolvi-

17 https://www.bbc.com/news/world-latin-america-20024400.

mento do país. Portanto, é responsabilidade dos haitianos. Na verdade, segundo Mulet, as vítimas são seus próprios algozes.[18]

Ao consultar essas imagens de conteúdo chocante, causa perplexidade constatar os aplausos do público presente sem que nenhuma voz se levante para fazer uma réplica fácil e indispensável. Mais um exemplo da autoridade da mentira.

O Conselho dos Direitos Humanos das Nações Unidas, por sua vez, recusa-se por muitos anos a tomar conhecimento das eventuais ações ou omissões que agridem os direitos fundamentais do Homem no âmbito das atividades da MINUSTAH no Haiti. Essa atitude fecha as portas a uma denúncia a partir do sistema onusiano. Isso é inaceitável, quando se sabe que a organização promove e é a depositária fiel dos principais documentos internacionais sobre a proteção dos direitos fundamentais humanos.

Em 2016, quase seis anos se passaram desde o desencadeamento da cólera. Seis anos de denegações e de adiamentos até que finalmente, em 16 de agosto desse ano, as Nações Unidas reconhecem seu "envolvimento no foco inicial" da epidemia: o porta-voz do SGNU, Farhan Haq, comunica que o Secretário-Geral lamenta profundamente o terrível sofrimento por que passou o povo haitiano devido à epidemia de cólera. As Nações Unidas têm uma responsabilidade moral para com as vítimas e com o Haiti em sua luta para enfrentar a doença, construindo um sistema de adução de água e saneamento e reforçando o sistema sanitário.

Pela primeira vez, o SGNU informa que trabalha em uma série de ações para dar uma "assistência material" às vítimas da cólera.

Essa nova abordagem segue o Relatório de Philip Alston, relator especial da ONU sobre a extrema pobreza e os direitos humanos, apresentado ao SGNU em setembro de 2016. Alston considera, en-

18 https://www.youtube.com/watch?v=esW3pvgo0aU.

tre outros, que a posição da ONU era insustentável e "enfraquecia sua credibilidade".[19]

Finalmente, em 1º de dezembro de 2016, o SGNU apresenta desculpas públicas e anuncia um novo plano de luta contra a cólera:

> Em nome das Nações Unidas, declaro com muita clareza: nós nos desculpamos com o povo haitiano. Não fizemos o suficiente no que diz respeito à epidemia de cólera e à sua disseminação no Haiti. Lamentamos profundamente nossa atitude.

Por outro lado, ele reconhece que essa questão macula a reputação das Nações Unidas e compromete sua missão planetária.[20]

Entretanto, o SGNU insiste que a responsabilidade das Nações Unidas é tão-somente *moral*. De fato, apesar dessas desculpas, as Nações Unidas continuam declarando que não têm responsabilidade legal nessa questão.

Não mudamos nossa posição jurídica, explicou à imprensa o Vice-Secretário-Geral da ONU Jan Eliasson. Para ele, suprimir a imunidade colocaria em perigo as Operações de Manutenção da Paz para uma organização obrigada a trabalhar com situações difíceis.[21]

A Corte Europeia de Direitos Humanos (CEDH) considera, em 2007, que os Estados-Partes da CEDH não podem ser responsabilizados pelas ações e omissões das forças multinacionais de manutenção da paz criadas ou autorizadas pelo Conselho de Segurança no âmbito do capítulo VII da Carta das Nações Unidas. Essas ações e omissões

19 https://assets.documentcloud.org/documents/3031511/Alston-Haiti-Cholera-Report.pdf Ver também https://www.nytimes.com/2016/08/18/world/americas/united-nations-haiti-cholera.html.

20 Ver o texto completo nos anexos.

21 https://elpais.com/internacional/2016/12/01/estados_unidos/1480620170_328865.html.

são diretamente imputáveis à ONU enquanto organização com vocação universal, atendendo a um objetivo de segurança coletiva.[22]

Porém, a Corte também destaca que as operações criadas pelas resoluções do Conselho de Segurança, em virtude do capítulo VII da Carta da ONU, são fundamentais para a missão da ONU, que consiste em preservar a paz e a segurança internacionais, e se apoiam, para serem efetivas, nas contribuições dos Estados membros. Por conseguinte, a Convenção não poderia ser interpretada de modo a derivar do controle da Corte as ações e omissões das partes contratantes cobertas por resoluções do Conselho de Segurança e cometidas antes ou durante tais missões. Isso seria analisado como uma ingerência na realização de uma missão essencial da ONU nessa área, ou até mesmo, como afirmaram algumas dessas partes, na condução eficaz de semelhantes operações.[23]

Seguindo a lógica jurídica da CEDH, percebe-se que as Resoluções do Conselho de Segurança das Nações Unidas não são passíveis de controle. O CSNU pode infringir, por ação ou por omissão, o Direito Internacional, ignorar as normas jurídicas internacionais que ele próprio promove, os princípios contidos na Carta de São Francisco e os princípios básicos da ética e da moral internacionais. Chega-se à absurda constatação de que o principal órgão das Nações Unidas é o único a não ser obrigado a respeitar os direitos humanos universais humanos fundamentais.

A única concessão feita pelas Nações Unidas foi a criação, em agosto de 2017, de uma Defensoria dos Direitos das Vítimas, visando a prevenir e a remediar a exploração e as agressões sexuais. A

22 file:///C:/Users/User/Downloads/003-2024297-2137733.pdf Décision sur la recevabilité BEHRAMI ET BEHRAMI c. FRANCE et SARAMATI C. ALLEMAGNE, FRANCE ET NORVÈGE.

23 https://www.coe.int/T/AdministrativeTribunal/Source/Article_DroitTravailOI_fr.pdf.

australiana Jane Connors é nomeada para esse posto responsável por promover uma resposta estratégica e integrada em matéria de assistência dada às vítimas.

Vale observar que essa Defensoria tem o poder de escolher dentre todas as vítimas potenciais das OP (Operações de Manutenção da Paz) aquelas que ela deseja proteger. Assim, as vítimas da cólera no Haiti são imediatamente excluídas.[24]

Como a Corte Internacional de Justiça destacou, as questões referentes às Nações Unidas têm, com frequência, uma significação política e estratégica, mas isso não constitui um motivo válido para recusar o exame dessas questões.[25]

Aparentemente, a nova abordagem anunciada pelo Secretário-Geral marca uma nítida ruptura com a atitude, moralmente injustificável, adotada até então pela ONU no que toca à sua responsabilidade na eclosão dessa grave crise sanitária. Reconhecendo, enfim, que ela teve um papel no desencadeamento da epidemia de cólera e no terrível sofrimento do povo haitiano, admitindo sua responsabilidade moral para com as vítimas, assim como seu dever moral para com as pessoas mais diretamente atingidas, e fazendo valer a imperiosa necessidade de oferecer ao povo haitiano uma ajuda proporcional e substancial que possa lhe permitir vencer a doença, a Organização demonstrou que pode reconhecer seus erros, tirar lições úteis disso para o futuro e remediar os danos e prejuízos causados, embora involuntariamente.[26]

Diante dessa posição contraditória e dicotômica, ou seja, admissão de culpa e negação de responsabilidade plena e integral é preciso agora retomar as leis que regem a guerra e os conflitos ar-

---

24 https://www.un.org/press/fr/2017/sga1754.doc.htm.

25 *Différend relatif à l'immunité de juridiction d'un rapporteur spécial de la Commission des droits de l'homme, avis consultatif*, C.I.J. Recueil 1999, p. 62.

26 RÉGIS, Denis. *Discurso à Assembleia Geral das Nações Unidas*, Representante permanente do Haiti, 1º de dezembro de 2016.

mados – o *Direito de Guerra*. Uma vez estabelecidas suas características e seus extraordinários avanços desde meados do século XIX, delinearemos os contornos das Operações de Paz nos últimos setenta anos. Constataremos, então, o manifesto divórcio entre essas novas atividades e o Direito.

As operações de manutenção da paz das Nações Unidas e o Direito

A hipocrisia é um vício privilegiado que goza em repouso de uma impunidade soberana.

Molière

O Direito dos conflitos armados

Não pode haver oposição mais marcante entre o fenômeno da guerra e a existência do Direito. Poderíamos até mesmo afirmar que a guerra é o contrário do Direito ou, em todo caso, sua negação. E, no entanto, existe realmente um conjunto de regras e de normas internacionais que determinam as obrigações e as proibições do que se pode ou não se pode fazer durante os conflitos.

O Direito de Guerra tem duas fontes.

A primeira é o Direito Internacional consuetudinário. Trata-se de um conjunto de regras que decorrem de uma "prática geral aceita como legal" e que vigoram independentemente do Direito convencional. Para provar que uma norma provém do Direito consuetudinário, deve-se demonstrar que ela reflete a prática dos Estados e que a comunidade internacional tem convicção de que tal prática é requerida pelo Direito.

O Direito Internacional Humanitário Consuetudinário (DIH consuetudinário) tem uma importância capital nos conflitos armados contemporâneos. De fato, ele preenche algumas lacunas do Direito convencional, que se aplica aos conflitos armados internacionais e não internacionais, reforçando assim a proteção às vítimas.

Um estudo do CICV (Comitê Internacional da Cruz Vermelha) sobre o DIH consuetudinário, que busca elencar as normas consuetudinárias existentes e a destacar a proteção que esse Direito oferece às vítimas de guerra, indicou 161 regras de DIH consuetudinário; elas constituem o núcleo comum de Direito Internacional Humanitário que vincula todas as Partes em todo e qualquer conflito armado e reforça a proteção jurídica das vítimas de guerra no mundo inteiro.[1]

O Direito Internacional Humanitário pode ser assim resumido. Trata-se de um conjunto de regras que os Estados consideram como vinculantes de acordo com o Direito Internacional. Essas regras são estabelecidas a partir do exame das práticas dos Estados (relatórios oficiais de operações militares e outros documentos oficiais, manuais militares, legislação nacional e jurisprudência). Aceitas como legais, devem ser distinguidas das práticas que os Estados não consideram obrigatórias, ou seja, as práticas que decorrem mais de políticas do que de um sentimento de obrigação jurídica. O Direito Consuetudinário pode preencher certas lacunas da proteção fornecida às vítimas dos conflitos armados pelo Direito convencional. Tais lacunas ocorrem quando:

> 1. Alguns Estados não ratificam certos tratados (por exemplo, os Protocolos adicionais ou as convenções de proibição de certos tipos de armas). Quando um conflito armado leva a uma coalizão de Estados que não têm as mesmas obrigações jurídicas – porque nem todos ratificaram os mesmos tratados –, o Direito Consuetudinário pode repre-

1 https://www.icrc.org/fr/document/DIH-coutumier e https://www.icrc.org/fr/doc/assets/files/other/customary-law-rules-fre.pdf.

> sentar o conjunto de regras comuns a todos os membros da coalizão. Se for o caso, ele pode servir de base à elaboração de regras comuns de comprometimento, ou quando
>
> 2. O Direito convencional não contém disposições detalhadas sobre certas questões referentes aos conflitos armados não internacionais. É o caso da conduta das hostilidades – objetivos militares, ataques sem discriminação, proporcionalidade, precauções no ataque –, da proteção dos jornalistas, da assistência humanitária e outras áreas, como a aplicação do Direito humanitário. Mais uma vez, o Direito consuetudinário pode vir preencher as lacunas, pois a prática gerou um grande número de regras consuetudinárias que são mais detalhadas do que as disposições frequentemente rudimentares do Protocolo adicional II de 1977.[2]

O DIH consuetudinário mantém sua pertinência nos conflitos armados de hoje por duas razões principais. A primeira é que, mesmo que um Estado não tenha ratificado certos tratados importantes de Direito convencional, ainda assim ele continua ligado às regras do Direito consuetudinário. A segunda razão é a relativa fragilidade do Direito convencional aplicado aos conflitos armados não internacionais, ou seja, aqueles que envolvem grupos armados e que se produzem dentro das fronteiras de um Estado.

A segunda origem do Direito de Guerra é o Direito dos Tratados ou Direito convencional. Entende-se com *Tratados* as convenções escritas nas quais os Estados estabelecem um determinado número de regras a serem observadas.

Sob o impulso de Henry Dunant, fundador da Cruz Vermelha, 16 Estados adotam, em 1864, a primeira Convenção de Genebra. O

2 file:///C:/Users/User/Downloads/fiche_2_principales_sources_du_droit_international_humanitaire%20(1).pdf.

texto visa a melhorar o destino dos militares feridos nos exércitos em campanha. Revisado em 1906 e em 1929, esse texto é o primeiro passo para a universalização do Direito Internacional Humanitário.

A Segunda Convenção é uma adaptação para a guerra marítima. A Terceira Convenção exorta os beligerantes a sempre tratar os prisioneiros de guerra com humanidade.

Durante a Primeira Guerra Mundial (1914-1918), a cada dez militares, um civil foi morto. Na Segunda Guerra Mundial (1939-1945), essa situação mudou consideravelmente, pois houve tantos civis mortos quantos militares. Por consequência, o CICR se esforça para estender a proteção aos civis. Assim, em 1949, nasce uma Quarta Convenção, adotada por 64 Estados, que institui a proteção aos civis em tempos de guerra. Assim, na Primeira Convenção de Genebra são protegidos os feridos e doentes em terra; na Segunda os feridos, doentes e náufragos em mar; na Terceira os prisioneiros de guerra e na Quarta os civis.

As quatro Convenções de Genebra de 1949 são aplicadas aos conflitos armados internacionais. Um artigo – o artigo 3 em comum – é aplicável especificamente aos conflitos armados não internacionais (as guerras civis). Os 196 Estados são Partes nas quatro Convenções de Genebra de 1949, o que as torna universais.

Em resposta ao desenvolvimento de novos métodos de combate, o Protocolo Adicional I de 1977 confirmou as regras existentes aplicáveis aos conflitos armados internacionais e acrescentou algumas novas. Além disso, na medida em que a maioria dos conflitos ocorridos desde a Segunda Guerra são conflitos não internacionais, os Estados decidiram complementar as regras do artigo 3 comum para criar um quadro de proteção mais desenvolvido em favor das pessoas que sofrem os efeitos dos conflitos armados não internacionais. Com esse fim, eles adotaram o Protocolo Adicional II de 1977.

Em 2005, um novo instrumento adicional foi adotado pelos Estados para remediar a um problema recorrente: em certos contextos, percebia-se erroneamente nos emblemas reconhecidos (a cruz vermelha e o crescente vermelho) uma conotação religiosa, cultural ou política e, portanto, eles não eram respeitados como signos distintivos neutros. O Protocolo Adicional III introduziu um emblema suplementar, o cristal vermelho, que oferece a mesma proteção que os emblemas cruz vermelha e crescente vermelho.

Além das quatro Convenções de Genebra de 1949 e dos três Protocolos Adicionais de 1977 e 2005, um grande número de tratados e outros instrumentos jurídicos visam às questões referentes à conduta das hostilidades e à proteção da população civil. Eles contêm disposições aplicáveis aos conflitos armados internacionais, aos conflitos armados não internacionais, ou a ambos (os pontos abordados são principalmente o emprego de certas armas, a proteção dos bens culturais, a proteção das crianças e o julgamento e a repressão das infrações penais).[3]

Consequentemente, o Direito Internacional Humanitário (DIH) pode ser definido como o ramo do Direito Internacional que enquadra e delimita o emprego da violência nos conflitos armados.

O respeito ao DIH implica as seguintes práticas:

> a) as pessoas que não participam ou não participam diretamente das hostilidades devem ser poupadas;
>
> b) a violência deve ser limitada ao necessário para alcançar o objetivo visado pelo conflito, o qual – independentemente das causas defendidas – deve restringir-se ao enfraquecimento do potencial militar do inimigo.

Dessa definição decorrem os princípios fundamentais do DIH: a distinção entre civis e combatentes; a proibição de ataques visando

3 *Ibidem.*

pessoas externas ao combate; a proibição de infligir sofrimentos inúteis; o princípio de necessidade; o princípio de proporcionalidade.

Todavia, essa definição também revela os limites do DIH, ou seja, ele não proíbe o emprego da violência; não pode proteger todas as pessoas atingidas por um conflito armado; não faz nenhuma distinção baseada no objetivo do conflito; não proíbe a nenhuma parte vencer a parte inimiga, pressupondo que as partes em um conflito armado perseguem objetivos racionais e que estes não são contrários ao DIH.[4]

Portanto, o Direito Internacional Humanitário tem os seguintes objetivos:

> 1. proteger aqueles que não combatem, como os civis, o pessoal da saúde e os trabalhadores humanitários;
>
> 2. proteger aqueles que não estão mais em condições de combater, como os soldados feridos ou os prisioneiros;
>
> 3. proibir tomar os civis como alvo, considerado como crime de guerra;
>
> 4. afirmar que os civis têm direito a serem protegidos dos perigos da guerra e a receberem ajuda. Todas as precauções devem ser tomadas para poupar os civis e evitar destruir suas moradias, ou os bens indispensáveis à sua sobrevivência, como *as fontes de água*[5], as culturas e rebanho;
>
> 5. exigir que os doentes e feridos recebam atendimento, independentemente do campo a que pertençam;
>
> 6. prever que o pessoal médico, os veículos sanitários e os hospitais destinados a tarefas humanitárias não sejam atacados;

---

4 *Ibidem*. Ver também https://ihl-databases.icrc.org/applic/ihl/ihl-search.nsf/content.xsp que se encontra na bibliografia.

5 Grifo nosso.

> 7. proibir submeter os prisioneiros a atos de tortura ou a outros maus tratos;
>
> 8. prever que os detidos recebam alimento e água e que sejam autorizados a manter contato com seus próximos;
>
> 9. restringir a escolha das armas e das táticas que podem ser utilizadas em tempos de guerra, a fim de evitar sofrimentos excessivos;
>
> 10. proibir expressamente o estupro e outras formas de violências sexuais em uma situação de guerra.

Por fim, uma importante publicação do CICV resume perfeitamente o conteúdo, a utilidade e os objetivos das leis da guerra. Estas constituem um conjunto de regras internacionais que forma o DIH. Têm por objetivo definir normas comportamentais para os combatentes, apontando o obrigatório e o proibido.

O principal objetivo do DIH – denominação oficial – é preservar a humanidade quando dos conflitos armados, salvando vidas e amenizando o sofrimento.

Para tanto, o DIH regulamenta como combater, tentando encontrar um equilíbrio entre dois objetivos: enfraquecer ou derrotar o inimigo e limitar os sofrimentos da população.

As leis da guerra sao universais. As Convenções de Genebra (que constituem o elemento central do DIH) foram ratificadas pelos 196 Estados. Raros são os tratados internacionais a alcançarem tal unanimidade.

Todos aqueles que combatem devem respeitar o DIH, sejam as forças governamentais, sejam os grupos armados não estatais.

Não se infringem as regras da guerra sem sofrer consequências. Os Estados e os Tribunais Internacionais reúnem provas e fazem investigações sobre os crimes de guerra, e os culpados podem ser individualmente julgados.[6]

Assim, o Direito de Guerra venceu o desafio de criar, em pouco mais de um século, um vasto tesouro convencional para a defesa dos direitos humanos, cujos principais instrumentos são os seguintes:

Vítimas de conflitos armados[7]

Convenção de Haia sobre os prédios hospitalares, 1904 (21.12.1904)

Ato final da Conferência diplomática de Genebra, 1949 (12.08.1949)

Convenção de Genebra (I) relativa aos feridos e doentes das forças armadas em terra, 1949 (12.08.1949)

Convenção de Genebra (II) relativa aos feridos, doentes e náufragos das forças armadas no mar, 1949 (12.08.1949)

Convenção de Genebra (III) relativa aos prisioneiros de guerra, 1949 (12.08.1949)

Convenção de Genebra (IV) relativa às pessoas civis, 1949 (12.08.1949)

Resoluções da Conferência diplomática de Genebra, 1949 (12.08.1949)

Proclamação de Teerã relativa ao respeito aos direitos humanos em período de conflito armado, 1968 (12.05.1968)

Resolução da ONU relativa ao respeito aos direitos humanos em período de conflito armado, 1968 (19.12.1968)

Ato final da Conferência diplomática de Genebra, 1974-1977 (10.06.1977)

Protocolo Adicional (I) às Convenções de Genebra, 1977 (08.06.1977)

Anexo (I) PA (I) retificado, 1993 (30.11.1993)

---

6 https://www.icrc.org/fr/document/les-lois-de-la-guerre-cest-quoi-et-ca--sert-quoi.

7 https://ihl-databases.icrc.org/applic/ihl/ihl-search.nsf/content.xsp.

Anexo (I) PA (I), 1977 (08.06.1977)

Anexo (II) PA (I), 1977 (08.06.1977)

Protocolo Adicional (II) às Convenções de Genebra, 1977 (08.06.1977)

Resoluções da Conferência diplomática de Genebra, 1974-1977 (10.06.1977)

Convenção relativa aos direitos da criança, 1989 (20.11.1989)

Protocolo Facultativo relativo ao envolvimento de crianças em conflitos armados, 2000 (01.05.2000)

Protocolo Adicional (III) às Convenções de Genebra, 2005 (08.12.2005)

Métodos e meios de combate

Convenção (II) de Haia referente às leis e costumes da guerra terrestre, 1899 (29.07.1899)

Declaração (IV, 2) de Haia proibindo os gases asfixiantes, 1899 (29.07.1899)

Declaração de Haia (IV, 3) proibindo as balas que se achatam, 1899 (29.07.1899)

Convenção (IV) de Haia relativa às leis e usos da guerra terrestre, 1907 (18.10.1907)

Convenção (IX) de Haia relativa ao bombardeio por forças navais, 1907 (18.10.1907)

Declaração (XIV) de Haia proibindo lançamento de projéteis e explosivos dos balões, 1907 (18.10.1907)

Protocole de Genebra proibindo os gases asfixiantes e os meios bacteriológicos, 1925 (17.06.1925)

Resolução do Instituto de Direito Internacional sobre os objetivos militares, 1969 (09.09.1969)

Convenção proibindo as armas biológicas, 1972 (16.12.1971)

Resolução sobre os sistemas de armas de pequeno calibre, 1979 (28.09.1979)

Ato final da Conferência sobre certas armas convencionais (CAC), 1980 (10.10.1980)

Convenção sobre certas armas convencionais (CAC), 1980 (10.10.1980)

Protocolo (I) da CAC sobre fragmentos não localizáveis, 1980 (10.10.1980)

Protocolo (II) da CAC proibindo as minas, armadilhas e outros dispositivos, 1980 (10.10.1980)

Protocolo (III) da CAC proibindo as armas incendiárias, 1980 (10.10.1980)

Convenção proibindo as armas químicas, 1993 (13.01.1993)

Protocolo (IV) da CAC sobre as armas cegantes a laser, 1995 (13.10.1995)

Protocolo (II) da CAC sobre a proibição ou limitação do uso de minas, armadilhas e outros dispositivos, revisado, 1996 (03.05.1996)

Convenção proibindo as minas antipessoais, 1997 (18.09.1997)

Convenção proibindo certas armas clássicas (CAC), artigo1retificado, 2001 (21.12.2001)

Protocolo (V) da CAC sobre os restos explosivos de guerra, 2003 (28.11.2003)

Convenção sobre as armas com munições Cluster (submunições), 2008 (30.05.2008)

Tratado sobre a proibição de armas nucleares, 2017 (07.07.2017)

Guerra marítima e aérea

Convenção (VI) de Haia relativa ao regime dos navios mercantes inimigos, 1907 (18.10.1907)

Convenção (VII) de Haia relativa à transformação dos navios mercantes em navios de guerra, 1907 (18.10.1907)

Convenção (VIII) de Haia relativa às minas submarinas, 1907 (18.10.1907)

Convenção (IX) de Haia relativa ao bombardeio por forças navais, 1907 (18.10.1907)

Convenção (XI) de Haia relativa a restrições do direito de captura, 1907 (18.10.1907)

Convenção (XIII) de Haia sobre as Potências neutras em caso de guerra marítima, 1907 (18.10.1907)

Protocolo de Genebra proibindo os gases asfixiantes e os meios bacteriológicos, 1925 (17.06.1925)

Convenção de Havana sobre a neutralidade marítima, 1928 (20.02.1928)

Tratado de Londres sobre a limitação e redução do armamento naval, 1930 (22.04.1930)

Ata sobre as regras da guerra submarina previstas pelo Tratado de Londres, 1936 (06.11.1936)

Manual de San Remo relativo aos conflitos armados no mar, 1994 (12.06.1994)

Bens culturais

Pacto Roerich para a proteção de instituições artísticas e científicas, 1935 (15.04.1935)

Ato final da Conferência para a proteção dos bens culturais, Haia, 1954 (14.05.1954)

Convenção de Haia para a proteção dos bens culturais, 1954 (14.05.1954)

Protocolo de Haia para a proteção dos bens culturais, 1954 (14.05.1954)

Resoluções de Haia para a proteção dos bens culturais, 1954 (14.05.1954)

Segundo Protocolo de Haia para a proteção dos bens culturais, 1999 (26.03.1999)

Repressão penal

Carta do Tribunal de Nuremberg, 1945 (08.08.1945)

Princípios das Nações Unidas para o Tribunal de Nuremberg, 1946 (11.12.1946)

Convenção sobre a imprescritibilidade dos crimes de guerra, 1968 (26.11.1968)

Convenção europeia sobre a imprescritibilidade dos crimes de guerra, 1974 (25.01.1974)

Estatuto do Tribunal Penal Internacional para a ex-Iugoslávia, 1993 (25.05.1993)

Estatuto do Tribunal Penal Internacional para Ruanda, 1994 (08.11.1994)

Estatuto da Corte Penal Internacional, 1998 (17.07.1998)

Estatuto do Tribunal para Serra Leone, 2002 (16.01.2002)

Emenda ao Estatuto da Corte Penal Internacional, artigo8retificado, 2010 (10.06.2010)

Emenda ao Estatuto da Corte Penal Internacional, artigos 8bis, 15bis e 15ter, 2010 (11.06.2010)

Outros tratados relacionados ao DIH

Convenção (III) de Haia relativa à abertura das hostilidades, 1907 (18.10.1907)

Convenção (V) de Haia concernente aos direitos e deveres das Potências e das pessoas neutras em caso de guerra terrestre, 1907 (18.10.1907)

Convenção para a prevenção e a repressão do genocídio, 1948 (09.12.1948)

Convenção sobre as técnicas de modificação do meio ambiente (ENMOD), 1976 (10.12.1976)

Convenção da OUA sobre as atividades mercenárias na África, 1977 (03.07.1977)

Convenção sobre os mercenários, 1989 (04.12.1989)

Convenção para a proteção das pessoas contra os desaparecimentos forçados, 2006 (20.12.2006)

Tratado sobre o comércio das armas, 2013 (02.04.2013)

Este breve sobrevoo revela que atualmente dispomos de um impressionante arsenal de regras consuetudinárias e convencionais dotadas de instrumentos de controle e de normas buscando a humanização da guerra protagonizada por Estados ou por grupos armados irregulares.

Contudo, a aplicação destes dispositivos não é universal. Ocorre que em face da interpretação maximalista, ilegal e abusiva do princípio da imunidade dos agentes a serviço das Nações Unidas, as Operações de Manutenção das Paz da organização, patrocinadas pelo CSNU, não estão sujeitas aos ditames do Direito da Guerra e do DIH.

Como as Nações Unidas não aderiram a esses instrumentos bem como não criaram regras próprias capazes, eventualmente, de substituir o Direito da Guerra e do DIH existentes, os militares a serviço do DPKO – criado em 1992 – não conhecem limitações às suas atividades bélicas. De fato, são os únicos combatentes que usufruem da garantia de total e absoluta impunidade. Essa aberração é consequência da onipotência do órgão responsável por manter a paz entre as nações: o Conselho de Segurança das Nações Unidas.

O imperium do Conselho de Segurança das Nações Unidas

O artigo 24 da Carta de São Francisco dispõe sobre as funções e poderes do Conselho de Segurança. Seu primeiro parágrafo é assim redigido:

> *Artigo 24. 1.* A fim de assegurar pronta e eficaz ação por parte das Nações Unidas, seus Membros conferem ao Conselho de Segurança a principal responsabilidade na manutenção da paz e da segurança internacionais e concordam em que no cumprimento dos deveres impostos por essa responsabilidade o Conselho de Segurança aja em nome deles.[8]

Pela primeira vez na história da Humanidade, os grupos humanos organizados politicamente renunciam coletivamente a fazer uso da força em suas relações mútuas, salvo em circunstâncias precisas e de modo limitado, previstas pela Carta das NU, como a legítima defesa.

Ocorreram tentativas parciais e limitadas de renúncia à guerra, especialmente a guerra de agressão, caso do Pacto de Paris ou Briand-Kellog, de 1928. Contudo, a eclosão da Segunda Guerra Mundial mostrou suas limitações e destruiu as expectativas alimentadas pelos pacifistas.

Com o nascimento das Nações Unidas, a renúncia geral à guerra é acompanhada da transferência de responsabilidade e de poderes, no que diz respeito à manutenção da paz e da segurança inter-

8 Grifo nosso. Observe-se que o artigo seguinte (25) indica que "Os Membros das Nações Unidas concordam em aceitar e executar as decisões do Conselho de Segurança, de acordo com a presente Carta."

nacionais, da totalidade dos Estados-Membros das Nações Unidas para o Conselho de Segurança. Por conseguinte, o CSNU dispõe da *capacidade material* de impor sua vontade, isto é, o *dominium*, mas também da *capacidade legal*, o que equivale, de maneira inédita na história mundial, ao *imperium*.

Considerando que a função de manutenção da paz é uma prerrogativa de poder público, a delegação de poderes dos Estados-Membros ao CSNU é, em última análise, uma delegação de soberania. No entanto, por meio da Carta de São Francisco, o CSNU subtrai de todos os Estados do planeta seu direito fundador mais importante, ou seja, entrar em guerra e assinar a paz.

Como a manutenção da paz é a função principal do CSNU, todos os outros órgãos das Nações Unidas, como a AGNU, devem se submeter a ele. A primazia funcional do CSNU é destacada pelo artigo 12 (parágrafo 1) da Carta, que estabelece que a AGNU deve abster-se de fazer recomendações sobre uma questão que incumbe ao Conselho. Esse monopólio se estende a todas as organizações especializadas do sistema das Nações Unidas.[9]

O mesmo se dá para todas as demais organizações ou arranjos de alcance regional. O capítulo VIII da Carta fornece a base constitucional para a participação das organizações regionais na manutenção da paz e da segurança internacionais, cujo principal responsável é o CSNU. Todavia, elas devem agir sob sua condução e controle e submeter suas decisões ao Conselho, que tem a última palavra.[10]

9 Por exemplo, segundo o artigo VIII do Acordo assinado em 1946 com a UNESCO, prevê-se que esta deve fornecer a "assistência que o Conselho de Segurança poderia solicitar, inclusive, a assistência destinada a permitir a aplicação das decisões do Conselho de Segurança para a manutenção ou restabelecimento da paz e da segurança internacionais".

10 O Artigo 52 prevê a participação de acordos ou de organismos regionais na solução pacífica dos litígios; o Artigo 53 permite a esses acordos tomar medidas coercitivas, mas somente com a autorização explícita do CSNU. O Artigo 53 cria um mecanismo que permite ao Conselho utilizar os arran-

Em razão de seus extensivos e praticamente ilimitados poderes, devemos nos interrogar sobre as condições de controle da legalidade dos atos e ações do CSNU. Os mais célebres juristas defendem a tese segundo a qual o Conselho tem a obrigação absoluta de respeitar o *jus cogens* e a Carta das Nações Unidas. Logo a seguir, reconhecem que são os únicos limites à sua ação. De resto, ele se beneficia de um poder de apreciação que não pode sofrer nenhum controle.[11]

Mesmo que o CSNU não esteja acima do Direito e não se beneficie de modo algum de um poder absoluto, o exercício de suas competências é discricionário no sentido de que suas competências são limitadas pelo Direito, mas por um direito frouxo e flexível para não entravar sua ação para a manutenção da paz e da segurança internacionais, das quais é o responsável principal, e que ainda constitui, cinquenta anos após a adoção da Carta, um objetivo ainda muito distante e constantemente questionado.[12]

Em uma célebre decisão, a Corte Internacional de Justiça (CIJ) julgou que é evidente que a Corte não tem poder de controle judiciário nem de apelação sobre as decisões tomadas pelos órgãos das Nações Unidas em questão.[13]

Ora, nada deveria ter impedido o principal órgão judiciário da Organização de controlar a conformidade ao Direito das resoluções de seus pares, inclusive o CSNU.

---

jos regionais para a aplicação de suas medidas coercitivas. O Artigo 54 que prevê que os acordos ou organismos regionais devem manter o Conselho sempre informado de suas atividades relativas à manutenção da paz e da segurança internacionais.

11 PELLET, Alain, in http://pellet.actu.com/wp-content/uploads/2016/02/PELLET-1995-peut-on-et-doit-on-controler-les-actions-du-CS.pdf.

12 *Ibidem.*

13 Parecer Consultivo. 21 de junho de 1971. "Consequências jurídicas para os Estados da presença contínua da África do Sul na Namíbia".

Resta, contudo, que tal controle só pode ser aleatório e limitado. É aleatório porque, salvo se imaginarmos um direito de autoconvocação da Corte que abalaria completamente o equilíbrio institucional das Nações Unidas e faria dela seu órgão supremo, tal controle não pode se exercer a não ser que a ela seja submetido um recurso. E isso depende, em matéria consultiva, da boa vontade ou do próprio Conselho, ou da AGNU, ou, nos casos mais excepcionais, embora não completamente impossíveis de imaginar, de outros órgãos ou instituições. E dependeria, no contencioso, da vontade conjunta de Estados-Partes em um litígio para cuja resolução a apreciação da validade de uma ou várias resoluções do Conselho de Segurança seria necessária. Além disso, o alcance de tal controle é, seja como for, limitado, seja pelo valor consultivo dos pareceres, seja pelo princípio da autoridade relativa da coisa julgada, lembrada no artigo 59 do Estatuto, mesmo que, nos dois casos, a influência de uma decisão judicial fosse evidentemente muito grande.[14]

Mais do que limites de um eventual controle do CSNU pela CIJ ou por outros órgãos, dentro ou fora do sistema, constata-se sua flagrante impossibilidade. Quando os Aliados descartaram o modelo de reorganização pelo Direito do mundo pós-Segunda Guerra Mundial, proposto por Hans Kelsen, e aprovaram um modelo baseado no exercício do Poder, o controle das ações do CSNU será contradito por muito tempo pelos limites inerentes ao estado atual, de um lado, da sociedade internacional e de seu Direito e, de outro, do próprio sistema das Nações Unidas.[15]

Em janeiro de 1942, 26 Estados em guerra contra o Eixo se reúnem em Washington e assinam uma aliança com o título *Decla-*

14 PELLET, Alain, *op. cit.*

15 PELLET, Alain, *ibidem.*

ração das Nações Unidas. A denominação da futura organização central mundial surge pela primeira vez.

Conquistada a vitória, a Carta das Nações Unidas é ratificada em outubro de 1945, e criados seus órgãos. Adaptadas das lições de Montesquieu, excetuando uma CIJ pouco eficaz e quase sempre ausente da busca de soluções para os conflitos internacionais, as Nações Unidas contarão, por um lado, com uma Assembleia Geral – seu legislativo ampliado e aberto ao conjunto dos Estados-Membros, os quais se encontram em perfeita igualdade jurídica. E, por outro, com um Conselho de Segurança, seu executivo restrito, onde os cinco Estados vencedores da guerra ocuparão um lugar especial e permanente.

Segundo o texto da Carta de São Francisco, o CSNU goza de poderes específicos. Entretanto, as interpretações do espírito da Carta e da vitória da tese dos *poderes implícitos* necessários para cumprir sua pesada responsabilidade levam o Secretário-Geral das Nações Unidas, ainda nos seus primórdios (janeiro de 1947), a reconhecer que o CSNU dispõe de "poderes gerais", isto é, poderes muito mais extensos do que aqueles mencionados no parágrafo 2 do artigo 24.

Essa interpretação é confirmada pelo Parecer Consultivo da CIJ de 21 de junho de 1971, no qual a Corte julga que a menção aos poderes específicos não exclui a existência dos poderes gerais destinados a lhe permitir cumprir suas responsabilidades.

Além de serem ampliados, os poderes do CSNU são também exorbitantes, pois são simultaneamente discricionários e autoritários. São características que estão longe, em princípio, de caracterizar o poder conferido às organizações internacionais. A natureza discricionária do poder do CSNU não causa nenhuma dúvida. É apenas a ele que cabe, de modo geral, a interpretação da Carta.[16]

---

16 DEGNI-SEGUI, René. *La Charte des Nations Unies: commentaire article par article*. 2ª edição. Paris: Economica, 1991, p. 460.

Em particular, o CSNU dispõe de total liberdade para apreciar ou qualificar as situações de acordo com o capítulo VII e, se for o caso, desencadear sanções econômicas e (ou) militares, ou ambas.

Consequentemente, os abusivos poderes do CSNU corroem princípios basilares das relações internacionais como a cooperação internacional, a proibição do recurso à força, a soberania, a igualdade entre os Estados e a não ingerência nos assuntos domésticos dos Estados. O conjunto desses princípios fica subordinado à tarefa de manutenção da paz atribuída de modo exclusivo ao CSNU. Até mesmo a ausência de guerra ou de conflito pode ser interpretada pelo Conselho como uma situação de ameaça à paz e, por conseguinte, desencadear sua ação. Portanto, ele poderá também agir de modo preventivo.

Considerando seus extraordinários poderes, não é de surpreender que os vencedores da Segunda Guerra Mundial se atribuam indevidamente um lugar especial no processo de tomada de decisões do CSNU, coração do dispositivo das Nações Unidas.

Primeiramente, pelo número reduzido de Estados-Membros do CSNU. Ele sofrerá uma única reforma em dezembro de 1963 ampliando de dez para quinze seus integrantes – cinco permanentes e dez não permanentes. Estes últimos serão eleitos por um voto de maioria de dois terços pela AGNU de acordo com uma distribuição geográfica. O mandato é de dois anos e a metade é renovada a cada ano.

A seguir, toda resolução do CSNU deve ser adotada por um texto votado com uma maioria de nove votos, e cada membro dispõe de um voto. Isso se dá unicamente nas *questões de procedimento*, em que os membros permanentes e não permanentes estão em pé de igualdade. Para qualquer outra decisão, a maioria de nove votos deve incluir os votos de membros permanentes ou, pelo menos, sua abstenção. Os redatores da Carta decidiram que bastaria que um dos cinco membros permanentes dentre os quinze do CSNU emitisse um voto negativo para que uma resolução ou decisão não pudesse ser adotada. Portanto, um único voto contrário de um membro permanente impede a adoção da resolução.[17]

Por fim, a regra da unanimidade entre os membros permanentes equivale a um direito de bloqueio individual do funcionamento do CSNU pelos membros permanentes. Segundo Michel Virally, aos olhos dos fundadores da Organização, é preferível que o sistema de segurança coletiva não funcione e que a Organização, em consequência, não reaja a um conflito determinado, a tomar medidas que poderiam acarretar uma crise entre as grandes potências.[18]

Trata-se, pois, de uma *garantia mútua* entre os membros permanentes para que nenhum deles fique tentado a utilizar o CSNU contra outro membro permanente. O CSNU torna-se, portanto, o *Pentágono imperial* constituído pelos cinco Estados vencedores da Segunda Guerra Mundial.

A hegemonia dos cinco Grandes sobre os demais integrantes das Nações Unidas está em completa contradição com o artigo 2 da Carta de São Francisco, que destaca a perfeita igualdade jurídica entre os Estados, princípio fundamental do Direito Internacional.

Estados Unidos, França e Grã-Bretanha fazem acertos em reuniões informais, conhecidas como *Instância P3*, resumindo a posição do Ocidente. Em seguida, os cinco membros permanentes se reúnem em *petit comité*, na *Instância P5*. Há, então, dois *rounds* definidos não somente no tempo e no espaço, mas também de modo político, que podem bloquear a ação do coletivo antes mesmo do debate

---

17 Segundo o Artigo 27, alínea 3 da Carta, "as decisões do Conselho de Segurança sobre quaisquer outras questões são tomadas por um voto afirmativo de nove de seus membros no qual estão compreendidos os votos de todos os membros permanentes".

18 VIRALLY, Michel. *L'Organisation mondiale*. Paris: Armand Colin, 1972, p. 465.

no CSNU. Essa maneira de trabalhar indica que muitos temas não chegam ao CSNU devido à falta de consenso nas instâncias *P3* ou *P5*.

Após uma primeira etapa com uma importante produção, os trabalhos do CSNU passam por uma crise causada por sua paralisia em razão do uso do veto ou da falta de unanimidade entre os membros permanentes. É o período da Guerra Fria, que se estende do final dos anos 1940 até o final dos anos de 1980. A média anual de resoluções adotadas pelo CSNU nesse período não alcança duas dezenas.

Durante a Guerra Fria a organização das relações internacionais, na qual as Nações Unidas desempenham um papel essencial, apresenta uma profunda anemia. Para sair do impasse, terminado o período da Guerra Fria, o CSNU decidiu criar novos mecanismos de intervenção. A partir desses é triplicada o número de resoluções adotadas e ressurgem com vigor e frequência, as Operações de Manutenção da Paz (OP).

A evolução das Operações de Paz: um início claudicante

A Carta de São Francisco não previu a possibilidade de operações de manutenção da paz. Duas hipóteses se confrontavam durante os trabalhos preliminares para a redação dos termos que deveriam manter a paz e a segurança no mundo. De um lado, a possibilidade de que a ONU dispusesse de modo permanente de forças armadas. De outro – a que foi escolhida pelo artigo 43 – rezava que todos os membros das Nações Unidas, para contribuir para a manutenção da paz e da segurança internacional, comprometem-se a colocar à disposição do Conselho de Segurança, a seu pedido e conforme um acordo especial ou acordos especiais, as forças armadas, a assistência e as facilidades, inclusive o direito de passagem, necessários à manutenção da paz e da segurança internacionais.

Sinal precursor da Guerra Fria, não foi possível decidir as modalidades jurídicas necessárias para a conclusão dos acordos especiais previstos pelo artigo 43. Sua ausência coloca em questão um dos fundamentos da nova organização, ou seja, o princípio da segurança coletiva, tanto mais que os dois Grandes criam duas alianças (Tratado do Atlântico Norte e Pacto de Varsóvia) que se confrontam no CSNU, transformado em arena suplementar de seus embates.[19]

Sem poder utilizar o artigo 43, as Nações Unidas implementam as Operações de Manutenção da Paz, combinando os artigos 29[20] e 41[21] da Carta, a fim de criar órgãos subsidiários. Por conseguinte, a criação de Operações de Manutenção da Paz constitui uma interpretação única e extremamente dinâmica da teoria das competências implícitas.[22]

---

19 Aproveitando a ausência da União Soviética do Conselho de Segurança, os Estados Unidos conseguiram aprovar a Resolução S/RES/84, de 7 de julho de 1950, que, a partir do Artigo 43, recomenda aos Estados-Membros instalar focas destinadas a defender contra a agressão a Coreia do Sul "à disposição de um comando unificado sob a autoridade das Nações Unidas". Note-se que se trata de uma simples recomendação. Por outro lado, a resolução dita "União para a manutenção da paz", votada pela Assembleia Geral em razão da paralisia do Conselho pelo veto leva a uma desnaturação do Artigo 43. Essas situações não voltarão a acontecer, e o Artigo 43 cairá em desuso.

20 "O Conselho de Segurança pode criar os órgãos subsidiários que julgar necessários ao exercício de suas funções".

21 O Conselho de Segurança pode decidir quais medidas que não implicam o emprego da força armada devem ser tomadas para dar efeito às suas decisões, e pode convidar os Membros das Nações Unidas a aplicar essas medidas. Elas podem compreender a interrupção completa ou parcial das relações econômicas, das comunicações ferroviárias, marítimas, aéreas, postais, telegráficas, radioelétricas, e outros meios de comunicação, assim como a ruptura das relações diplomáticas.

22 ZASOVA, Svetlana. *Le cadre juridique des Casques bleus*. Paris: Publications de la Sorbonne. 2014, p. 29. A multiplicação das Operações de Manutenção da Paz das Nações Unidas desde o início dos anos 1990 se acompanhou de uma diversificação de suas atividades. Às Operações de Manutenção da Paz *stricto sensu* se acrescentam a partir de então operações de restabelecimento da paz, no âmbito das quais o recurso à força adquiriu um lugar fundamental. Comparado à diversidade das missões confiadas Operações de Manutenção da Paz das Nações Unidas, o estatuto de seus agentes, por sua vez, permaneceu globalmente homogêneo, apresentando então ambiguidades. Buscando informações na prática das Nações Unidas e nas jurisprudências nacionais e internacionais, o autor se propõe a analisar o enquadramento

A Resolução 50 do Conselho de Segurança (29 de maio de 1948) criou a primeira missão, encarregada de acompanhar a aplicação do Armistício assinado entre Israel e seus vizinhos (Egito, Líbano, Jordânia e Síria). Assim nasce a Organização das Nações Unidas, encarregada da vigilância da trégua (ONUST).

Em 1951, é criado o UNMOGIP (Grupo de Observadores Militares das Nações Unidas para Índia e Paquistão). Ainda vigentes, as duas missões encarregadas de observação e de vigilância são compostas por algumas centenas de pessoas, que contam apenas com armas de fogo para sua defesa pessoal.

A primeira Operação de Manutenção da Paz, propriamente falando, ocorre em 1956, na crise de Suez. A Força de Emergência das Nações Unidas (FUNU I) deveria garantir e supervisionar a cessação das hostilidades, inclusive a retirada das forças armadas britânicas, francesas e israelenses do território egípcio. Após a retirada, ela se interpõe entre as forças egípcia e israelense. Como prelúdio à Guerra dos Seis Dias, em maio de 1967, o Egito obrigou a FUNU I a se retirar.

Em 14 de julho de 1960, foi criada a ONUC (Organização das Nações Unidas no Congo) a fim de intervir na guerra civil deste país. De envergadura considerável – 20 mil capacetes azuis –, ela sofre grandes perdas; dentre elas, a do Secretário Geral das Nações Unidas da época, o sueco Dag Hammarskjöld.

Outras Operações de Manutenção da Paz seguirão na Nova Guiné (UNSF, 1962), no Iêmen (UNYOM, 1963) e na República Dominicana (DOMREP, 1965). Além dessas operações de curta duração, também ocorrem outras, mais longas, como as do Chi-

jurídico da ação dos agentes da Manutenção da Paz das Nações Unidas sob um ângulo prospectivo. Este estudo propõe assim a adoção de reformas no sistema onusiano, e estuda as jurisprudências nacionais e internacionais tendo em mente a necessária conciliação entre os imperativos da manutenção da paz e o respeito aos direitos humanos.

pre (UNFICIP, 1964) e do Oriente Médio (FUNU II 1967, FNUOD 1974 e FINUL 1978).

Em 1988, os capacetes azuis recebem o Prêmio Nobel da Paz. O Comitê salienta que "por seus esforços, as forças de manutenção da paz muito contribuíram para a realização de um dos objetivos fundamentais da ONU". A seguir, o Comitê do Nobel, prevendo o extraordinário desenvolvimento das Operações de Paz a partir do final da Guerra Fria, salienta que a ONU é "levada a desempenhar um papel central nas questões mundiais".

De fato, as Operações de Manutenção da Paz vão se multiplicar a partir dos anos 1989, como indica o quadro a seguir. Essas atividades, até então marginais, passam a ocupar o epicentro do sistema de prevenção e de solução dos conflitos.

Evolução do número de Operações de Manutenção da Paz das Nações Unidas (1948 - 2018)

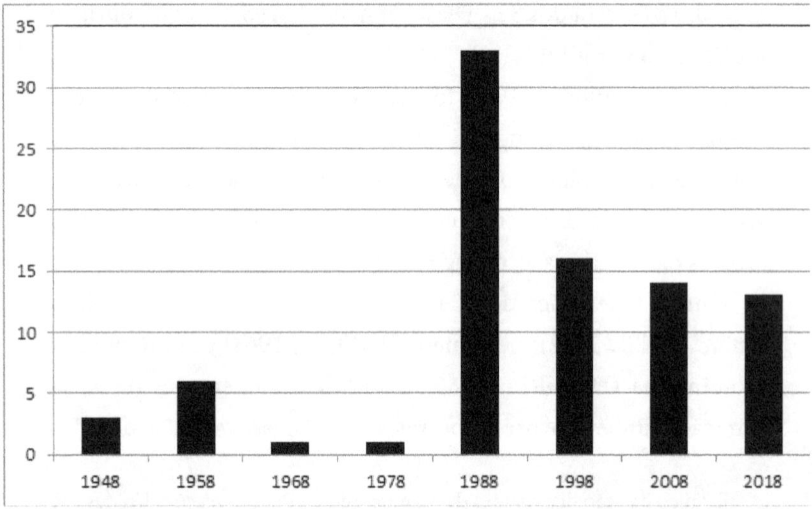

Gráfico elaborado pelo autor de acordo com os dados oficiais do DPKO

Ao compará-las com o número de Operações da Paz criadas nas duas décadas anteriores, constata-se um crescimento a partir de 1988 de 3.300%. Mesmo após esse grande aumento, seu número se mantém estável em um nível muito elevado (1.500% a mais do que antes da Guerra Fria) nas décadas seguintes. Tal evolução mantem-se na atualidade.

Como mencionado, após o fim da Guerra Fria, o número de Operações de Manutenção da Paz das Nações Unidas sofre uma multiplicação fulgurante em razão de uma nova abordagem do CSNU sobre suas atribuições. De fato, ao lado de suas tarefas tradicionais – a paz física – incluídas na Carta, e que fazem parte de uma *primeira geração* das OP, o Conselho de Segurança criou uma lista suplementar de ameaças à paz.[23] Nascem, assim, as OP de segunda e terceira gerações. Em 31 de janeiro de 1992, uma resolução do CSNU enfatiza que a paz e a segurança internacionais não decorrem somente da ausência de guerra e de conflitos armados. Outras ameaças, de natureza não militar, à paz e à segurança internacionais encontram suas fontes na instabilidade existente nos campos econômico, social, humanitário e ecológico.

O então Secretário-Geral das Nações Unidas, o egípcio Boutros Boutros-Ghali (1992-1996) aprofundará essa ideia a partir do famoso tríptico "Paz + democracia + desenvolvimento sustentável", destacando as relações de causa e efeito entre eles:

> Nenhuma paz pode ser duradouramente mantida sem democracia, já que sua ausência é fonte de tensões. Ora, uma democracia somente pode ser perene com um desenvolvi-

23 Isso graças ao Artigo 39 da Carta, assim redigido: "O Conselho de Segurança constata a existência de uma ameaça contra a paz, de uma ruptura da paz ou de um ato de agressão e faz recomendações ou decide que medidas serão tomadas de acordo com os Artigos 41 e 42 para manter ou restabelecer a paz e a segurança internacional".

> mento sustentável. E este só pode se realizar em um âmbito pacífico... E assim por diante. Doravante, a ação para manter a paz deve avançar nestes três planos.[24]

Surgem, então, as OP *multifuncionais*, como o caso exemplar do Haiti. A partir desse momento, o conceito de *paz ampliada* prevalecerá, tornando as OP mais complexas, estendidas, longas e ambiciosas. Para levar a cabo suas novas tarefas, o CSNU apela para instituições especializadas, tais como o Banco Mundial (BM), o Fundo Monetário Internacional (FMI) e o Programa das Nações Unidas para o Desenvolvimento (PNUD), entre outros, na busca de objetivos de desenvolvimento sustentável e de democratização.

O restrito e sinuoso caminho original das OP se bifurca numa ampla e flexível avenida, onde são escancaradas inúmeras possibilidades de intervenção do CSNU, tanto mais que a simples tese do direito de ingerência humanitária, rejeitada pelo Grupo dos 77 em 1990, ressurge como norma do Direito Internacional Público em 2005.

Adotada por todos os Estados-Membros das Nações Unidas na Cúpula mundial, a *Responsabilidade de proteger* determina que o Estado soberano deve proteger sua população "dos genocídios, dos crimes de guerra, das limpezas étnicas e dos crimes contra a humanidade". No caso de um Governo promover – por ação ou omissão – ou não ter condições de opor-se a esses atos contra a população civil, cabe à Comunidade Internacional a responsabilidade moral de intervir através dos meios que julgar convenientes.

---

24 MEHD, Hamdi. *Les opérations de consolidation de la paix.* **Angers**: Faculdade de Direito, Universidade de Angers, 2009.

A ascendência das Operações de Paz sobre o conjunto do sistema das Nações Unidas

Numa conferência no Instituto de Estudo do Desenvolvimento Internacional da Universidade McGill, de Montreal, Stephen Lewis declara que, ao buscar informações sobre a cólera no Haiti junto ao Alto Comissariado das Nações Unidas para os Direitos Humanos, foi informado que:

> A Alta Comissária não poderá lhe falar sobre o Haiti. Ela apreciaria discutir com o senhor as questões de direitos humanos, mas qualquer questão ligada ao Haiti deve ser abordada com o Secretário-Geral.[25]

Lewis constata com amargura que a Alta Comissária das Nações Unidas para os Direitos Humanos foi "cerceada pela hierarquia burocrática. A paranoia e a prevaricação da ONU reduziram ao silêncio até mesmo a mais graduada oficial dos Direitos Humanos da ONU". Assim, todos os funcionários da ONU, independentemente do escalão ou posição, estavam proibidos de se pronunciar sobre o assunto. Nas declarações à imprensa e entrevistas concedidas por funcionários da Organização – de todos os níveis, no Haiti ou fora dele –, a resposta era idêntica quando se tocava na questão da cólera no país:

> Trata-se de uma questão legal e apenas o Conselho Jurídico do Gabinete do Secretário-Geral das Nações Unidas pode se expressar sobre o assunto.[26]

Portanto, há um cerceamento absoluto do assunto, já que apenas o gabinete do Secretário-Geral, mais precisamente, seu Con-

25 Ver texto integral no Anexo.

26 A única exceção foi uma declaração de Bill Clinton (Ver nota 53).

selho jurídico, é a voz exclusiva da organização autorizada a fazer declarações sobre o escândalo.

Do mesmo modo, há uma proibição tácita e uma atitude servil de muitos oficiais haitianos e estrangeiros. Após declarar, no início da crise, estar convencido de que a cólera era "uma doença importada", o presidente René Préval se calou. Pior ainda, seu sucessor Michel Joseph Martelly, em seu discurso à AGNU em outubro de 2012, não evocou nem uma única vez a responsabilidade da Organização. O primeiro-ministro Laurent Lamothe foi ainda mais longe: afirmou que as Nações Unidas faziam investigações para encontrar a origem da cólera (o que equivale a dizer que apenas o criminoso pode investigar seu próprio crime) e declarou – de modo irresponsável e ignorando as evidências – que a epidemia estava "realmente controlada".[27]

Ao mesmo tempo, o ministro das Relações Exteriores do presidente Martelly, Pierre-Richard Casimir, dirigiu-se à Comissão das Relações Exteriores da Câmara dos Deputados do Haiti. Em seu discurso, ele não somente abandonou a argumentação jurídica do governo anterior sobre a responsabilidade das Nações Unidas, como também, desprezando as conclusões científicas unânimes e os fatos, ousou defender a tese da ausência de ligação entre o surgimento da epidemia e a ação dos soldados da MINUSTAH.[28]

Como mencionado no Prefácio, o governo provisório do presidente Jocelerme Privert, com o apoio de Jean-Max Bellerive,

27 Menos de 24 horas depois, instituições de saúde – haitianas e estrangeiras – desmentem Laurent Lamothe. Elas indicam que a cólera não será erradicada antes de 2022, ausente uma campanha de vacinação em grande escala e melhorias substanciais no tratamento de água e esgoto. De acordo com os dados oficiais da OPAS a epidemia haitiana é responsável por 57 % dos casos de cólera recenseados no mundo.

28 "O Governo banca o advogado do diabo". Ver http://www.alterpresse.org/spip.php?article13638#.XP2ReoJKjcs.

solicitou-me um estudo para fundamentar as discussões a fim de determinar a posição oficial do Estado haitiano. Uma vez concluído e entregue às autoridades governamentais, não foi dada, infelizmente, nenhuma continuidade a esse relatório.

Finalmente, o presidente Jovenel Moïse não insistiu mais sobre o sensível dossiê, exceto por uma declaração durante a visita ao Haiti de Amina Mohammed, Vice-Secretária-Geral das Nações Unidas, no início do mês de novembro de 2017, na qual ele indicou brevemente que "as vítimas da cólera precisam de justiça."[29]

Na mesa-redonda sobre a luta contra a cólera, na sede das Nações Unidas, em Nova York, no dia 18 de novembro de 2018, à margem da 73ª sessão da AGNU, o presidente Moïse declarou, de início, que as perdas de vidas humanas e os danos da cólera no Haiti são inestimáveis e irreparáveis.[30]

Essa tática de negociação do governo haitiano é insensata e incompreensível, pois implica se render antes que o combate comece. De fato, se as perdas e danos são, para a parte requerente, isto é, o governo haitiano, *inestimáveis e irreparáveis*, para a parte citada, ou seja, as Nações Unidas, não há razão para negociar.

O presidente Moïse chegou a implorar por um financiamento de 390 milhões de dólares para erradicar esse flagelo até o ano de 2022. Essa possibilidade é contestada pelos *experts*, tanto mais que os recursos financeiros disponibilizados estão bem aquém das necessidades do programa.

Por fim, o presidente haitiano dispunha de oportunidade sonhada para um acerto de contas em seu pronunciamento na 73ª

29 http://www.loophaiti.com/content/jovenel-moise-les-victimes-du-cholera-ont-besoin-de-justice Ver também: https://www.communication.gouv.ht/2017/11/la-vice-secretaire-generale-de-lonu-visite-quelques-chantiers-de-la-caravane-du-changement-dans-le-grand-sud/.

30 https://lenouvelliste.com/article/193116/jovenel-moise-reclame-390-millions-de-dollars-a-lonu-pour-eradiquer-le-cholera.

AGNU. Por mais inverossímil que possa parecer, ele faz apenas uma rápida referência à cólera numa passagem:

> Aproveito também a ocasião para interpelar a comunidade internacional sobre a obrigação de mobilizar os recursos para eliminar a cólera introduzida pela MINUSTAH no Haiti e para indenizar as vítimas.[31]

É necessário não pronunciar um julgamento definitivo sobre mais um deslize presidencial. Salvo o de constatar que as vítimas e seus próximos, a verdade e a justiça nunca foram tão maltratadas. Assim, após dez anos de calvário, nenhum dos governos haitianos que se sucederam encetou negociações acerca da responsabilização das Nações Unidas e do pagamento de compensações e indenizações às vítimas e suas famílias. Estas são abandonadas à própria sorte diante das Nações Unidas e de seus poderosos aliados. Dentre eles, o governo brasileiro.

O Brasil manteve o Comando da Força (*Force Commander*) ao longo de toda a operação da MINUSTAH. Ora, como a epidemia de cólera surgiu no campo militar de Annapurna, o Brasil é direta e incontestavelmente culpado. Contudo, como já demonstrado, a responsabilidade jurídica recai sobre as Nações Unidas.[32]

Apesar de sua delicada situação, não há no Brasil mínima sombra de crítica ao desempenho da MINUSTAH. Ao contrário. Ela é objeto de constantes louvações: dos Governos brasileiros que se sucederam desde 2004; dos 37.500 militares enviados ao Haiti; da grande maioria dos meios de comunicação e, inclusive, da maioria das publicações – de vulgarização ou acadêmicas – sobre nossa participação.[33]

---

31 https://lenouvelliste.com/article/193195/discours-du-chef-de-letat-a-lonu.

32 https://guide-humanitarian-law.org/content/article/3/peacekeeping/.

33 A principal perspectiva analítica brasileira percebe a experiência no Haiti como utensílio pedagógico para tratar de problemas pátrios supostamente si-

Um dos exemplos mais emblemáticos da apologia brasileira ocorreu quando da cerimônia de despedida aos soldados brasileiros da MINUSTAH em Porto Príncipe em junho de 2017. Representando o Brasil, o senador Aloysio Nunes Ferreira – responsável pelo Itamaraty no governo legal e constitucional, embora ilegítimo, do presidente Michel Temer – jactou-se com autoelogios sobre a suposta natureza irremediavelmente pacífica e construtiva de nossas ações além-fronteiras. Sobre a MINUSTAH chegou a uma conclusão no mínimo surpreendente. Nunes Ferreira é um dos raros, senão o único a constatar que, durante a presença da MINUSTAH no país caribenho, a justiça funcionou plenamente no Haiti [sic] e que sempre que ocorreram crimes, houve também punições e investigações. Os crimes não ficaram sem resposta [sic].[34]

E, para arrematar sobre a hecatombe da cólera, sem corar nem pestanejar, o ministro Nunes Ferreira sustentou, quando interrogado na coletiva de imprensa que a cólera e outros aspectos da vida difícil do povo haitiano não são da competência da MINUSTAH.[35]

O mundo, por mais oficial que seja, obedece à lei da *Omertà* – feita de conivência, de indiferença e de silêncios.[36] Quando se manifesta, tenta dissimular, subtrair-se às suas responsabilidades e disseminar sem constrangimento suas fabulações e mentiras. Por conseguinte, existe uma cumplicidade dos Estados Membros – sobretudo dos militares – com a estratégia das Nações Unidas no Haiti.[37]

---

milares. Neste sentido, o Haiti é um mero laboratório. Consultar, entre outros: https://igarape.org.br/wp-content/uploads/2015/05/perspectivas_Haiti.pdf.

34 http://www.rfi.fr/ameriques/20170603-haiti-minustah-diplomatie-reussite-casques-bleus-gouvernement-bresilien.

35 https://www.voaafrique.com/a/la-mission-de-l-onu-en-haiti-a-ete-une-reussisste-pour-le-bresil/3885612.html.

36 *Omertà* é um código de honra que prioriza o silêncio, a não cooperação com as autoridades e a não interferir nas ações ilegais de outros.

37 É a atitude contrária adotada por certas personalidades internacionais citadas neste livro e pelos cinco vencedores do Prêmio Nobel da Paz – Adolfo Perez

Que razões levam a alta direção das Nações Unidas a considerar como tabu a questão da cólera no Haiti? Existem pelo menos dois grupos de motivações que explicam essa estratégia: uma motivação financeira e uma jurídica.

Em primeiro lugar, a motivação financeira:

Em junho de 2017, a AGNU aprovou um montante de |US$ 6,8 bilhões de dólares americanos, para o biênio 2017/2018, para levar a cabo as 14 OP em operação, inclusive a da MINUJUSTH.[38]

Em dezembro de 2017, a quinta Comissão encarregada das questões administrativas e orçamentárias das Nações Unidas, além de aprovar a passagem de um orçamento bienal a um orçamento anual a partir de 2020, adotou um orçamento de 5,39 bilhões de dólares para a Secretaria da ONU no período de 2018-2019.[39]

Consequentemente, com o crescimento exponencial a partir do final dos anos 1980 das Operações de Manutenção da Paz, que encarnaram as Nações Unidas em todas as situações, as Nações Unidas vêm seu orçamento rapidamente duplicado. As OP constituem atualmente um maná financeiro na ordem de 56% (cinquenta e seis por cento) do orçamento total da organização. Nessas condições, não é de surpreender que as Nações Unidas sigam os traços de La Fontaine e mimem as Operações de Manutenção da Paz, agora consideradas como sua *galinha dos ovos de ouro*.

Esquivel (1980), Jody Williams (1997), Shirin Ebadi (2003), Rigoberta Menchú Tum (1992) e Betty Williams (1976), quando declaram, em junho de 2017: "Estamos profundamente preocupados com as vítimas das ações catastróficas da MINUSTAH, que continuam sem justiça e sem reparação, apesar das promessas feitas pelas Nações Unidas de reparar os danos que causaram".

38 https://www.un.org/press/en/2017/ga11927.doc.htm.

39 https://www.un.org/press/fr/2017/agab4270.doc.htm.

Em seguida, a motivação jurídica:

Portanto, é preciso construir um escudo jurídico, a cargo do Escritório de Assuntos Legais das Nações Unidas (*Office Legal Affairs* - OLA), para evitar qualquer risco de enfraquecimento de sua rentável atividade.[40]

De acordo com a Seção 3.4 da organização do Escritório de Assuntos Legais, além de preencher as funções atribuídas ao Secretário-Geral pelo Artigo 102 da Carta das Nações Unidas,[41] "o Conselheiro Jurídico dirige a coordenação da Rede dos Conselheiros Jurídicos das Nações Unidas, que engloba todo o sistema das Nações Unidas".

Assim, todos os aspectos legais do conjunto das organizações do sistema das Nações Unidas está centralizado no OLA. Esse reúne principalmente os conselheiros jurídicos das instituições especializadas e organismos afins; os conselheiros/adidos jurídicos de organismos, tais como os escritórios fora da sede, fundos, programas, comissões regionais e tribunais especiais das Nações Unidas; e também os juristas das *Operações de Manutenção da Paz* das Nações Unidas.[42]

Ele assegura, igualmente, o acompanhamento do programa de trabalho e das atividades do Comitê de Alto Nível dos Chefes de Secretaria dos Organismos vinculados às Nações Unidas e elabora pareceres jurídicos para esses órgãos. Por fim, de acordo com a Seção 3.5, o Conselheiro Jurídico exerce responsabilidades operacionais específicas.[43]

40 http://legal.un.org/ola/.

41 Artigo 102 1. Todo tratado ou acordo internacional concluído por um membro das Nações Unidas após a entrada em vigor da presente Carta será, o mais rápido possível, registrado no Secretariado e publicado por ele. 2. Nenhuma parte em um tratado ou acordo internacional que não tiver sido registrada conforme as disposições do parágrafo 1 do presente Artigo poderá invocar o dito tratado ou acordo diante de um órgão da Organização.

42 Grifo nosso.

43 Nações Unidas, ST/SGB/2008/13.

O Governo dos Estados Unidos concede especial atenção a Organização das Nações Unidas. Percebe-a como instrumento suplementar para o exercido de seu poder. Quando representante permanente dos Estados Unidos na ONU – posteriormente Conselheira de Segurança Nacional do presidente Barak Obama – a Embaixadora Susan Rice analisou francamente o papel desempenhado pelas Nações Unidas na política externa de Washington. Para ela, caso a Organização das Nações Unidas não existisse, seria preciso inventá-la.[44]

Entre as funções da ONU que interessam particularmente aos Estados Unidos, Rice cita as que envolvem as Operações de Manutenção da Paz:

> O Conselho de Segurança das Nações Unidas não pode nem mesmo publicar um comunicado à imprensa sem o consentimento dos Estados Unidos... Cada missão de manutenção da paz deve ser aprovada pelo Conselho de Segurança –, no qual os Estados Unidos têm a última palavra sobre todas as decisões.

Em suma, nada que possa prejudicar os interesses americanos poderia ser feito sem a concordância formal de Washington.

Com referência à comparação entre Operações de Paz das Nações Unidas e intervenções unilaterais militares de Washington, Rice salienta as vantagens de recorrer ao DPKO, pois,cada capacete azul das Nações Unidas custa uma fração do custo de um soldado americano para fazer o mesmo trabalho. Então, o que pode ser melhor para os Estados Unidos? Carregar todo o fardo dos soldados da paz da ONU, ou compartilhá-lo, pagando um pouco mais do que um quarto do custo?

44 RICE, Susan. *Facing 21st-Century Threats: Why America Needs the UN*, Conferência por ocasião do *World Affairs Council of Oregon*, Portland: 11 de fevereiro de 2011.

Para concluir, ela toma a liberdade de ser irônica com o público, afirmando:

> Não sei como é para vocês, mas eu gosto das lojas que me concedem 75% de desconto.

Uma terceira razão pode ser acrescentada à argumentação de Susan Rice: como 93% dos militares a serviço das OP provêm das forças armadas do Terceiro Mundo – essencialmente contingentes do Sudeste Asiático e da África –, os militares e policiais dos Estados Unidos não correm o risco de perdas, pois, segundo Rice, atualmente dos "120 mil soldados da paz, apenas 87 são americanos fardados."

As Organizações Internacionais (OI) são *sujeitos secundários* do Direito Internacional. Seu nascimento, desenvolvimento e desaparecimento não dependem delas, mas dos Estados que as criaram e que controlam toda sua existência.

Considerando que, do ponto de vista da capacidade financeira, as OI são caixas vazias, pois não produzem nenhuma riqueza comercializável, basta, portanto, que os Estados membros parem de contribuir para asfixiá-las.

Os Estados-membros sabem bem que os compromissos financeiros contraídos pelas OI devem ser honrados por aqueles que compõem a organização, sobretudo os mais ricos. Assim, o presidente Donald Trump, com sua verve pouco diplomática, indicou que os Estados Unidos não contribuiriam sequer com um centavo para o Fundo de Luta contra a Cólera no Haiti.[45] Menos ainda para o pagamento de uma eventual compensação financeira em forma de indenização, reembolso ou reparação destinada às vítimas e às suas famílias pelos danos provocados pela epidemia de cólera no Haiti.

45 https://foreignpolicy.com/2017/06/01/trump-wont-pay-a-penny-for-u-n--cholera-relief-fund-in-haiti/.

A ascendência das Potências sobre o DPKO é flagrante. Assim, o posto de Vice-Secretário-Geral das Nações Unidas, encarregado das Operações de Manutenção da Paz, incumbe sempre a um indivíduo de nacionalidade francesa. O financiamento das OP é garantido pelos principais patrocinadores das Nações Unidas, liderados pelos Estados Unidos. Isso não impede uma aparente contradição: as decisões de criação de uma OP cabem ao CSNU, ao passo que sua operacionalização em campo incumbe aos militares dos países do Terceiro Mundo. Todavia, o mais importante é evidenciar as contradições, pois, observando bem, trata-se de um flagrante divórcio entre as OP e o Direito.

A invenção genial das Operações de Manutenção da Paz das Nações Unidas: fazer a guerra ausente o Direito

O reconhecimento jurídico da existência das Operações de Paz das Nações Unidas é formalizado em 1962 por meio de um Parecer Consultivo da CIJ.

Haviam surgido dúvidas sobre como contabilizar as despesas decorrentes das Operações de Paz. Em 20 de dezembro de 1961 a AGNU solicita que a CIJ defina a situação de *certos gastos das Nações Unidas*. Por nove votos a cinco, a Corte declara que os gastos autorizados por certas resoluções da Assembleia Geral, enumeradas no pedido de parecer relativo às Operações de Manutenção da Paz das Nações Unidas no Congo e no Oriente Médio feitos em execução a resoluções do Conselho de Segurança e da Assembleia Geral, eram "gastos da organização", conforme o parágrafo 2 do Artigo 17 da Carta das Nações Unidas.

Tendo assim destacado, por um lado, que o texto do parágrafo 2 do Artigo 17 da Carta podia levar a concluir que os gastos da Organização são as somas pagas para cobrir as despesas relativas à realização dos objetivos da Organização; e, por outro, que do exame das resoluções autorizando os gastos mencionados na demanda de parecer consultivo se depreende a constatação de que esses gastos haviam sido feitos com esse fim; tendo enfim analisado e considerado pouco fundados os argumentos contra a conclusão de que os gastos em questão deviam ser considerados como gastos da Organização conforme o parágrafo 2 do Artigo 17 da Carta das Nações Unidas, a Corte chega à conclusão de que deve responder afirmativamente à questão formulada pela Assembleia Geral.[46]

Por conseguinte, a interpretação da CIJ sobre a legalidade dos gastos das Operações de Manutenção de Paz das Nações Unidas se conclui, logicamente, pelo reconhecimento de sua existência jurídica e não unicamente factual.

Na esteira desse reconhecimento jurídico e da multiplicaçao das OP – sobretudo a partir daquelas de segunda e terceira gerações –, seria de se esperar então o surgimento de um crescente arsenal legal e doutrinário para enquadrar essas novas atividades da Organização.

No entanto, nada disso aconteceu: o mais espantoso no percurso histórico das Operações de Manutenção da Paz das Nações Unidas consiste na surpreendente distância entre sua riqueza operacional e sua miséria jurídica.

Vejamos três exemplos ilustrativos do despojamento legal das OP.

Primeiramente, deve se destacar a confusão conscientemente alimentada sobre as normas jurídicas em torno das OP. Segundo a principal especialista jurídica das Operações de Manutenção da Paz das Nações Unidas, há uma falta de coordenação incontestável das OP, à qual se acrescenta um desrespeito às normas de Direito Internacional e aos direitos humanos. O caráter caótico das normas que guiam a ação das forças de paz seria uma fatalidade? A condição ambígua, vaga e nebulosa das competências dominantes

46 Consultar https://www.icj-cij.org/files/case-related/49/5260.pdf.

e o aspecto circunstanciado dos privilégios e imunidades parecem conduzir a isso. Uma retomada firme da questão pelo Secretariado das Nações Unidas parece ser a única solução possível.[47]

Infelizmente, a evolução preconizada não vingará. Para os responsáveis pelas OP, a começar por todos os Secretariados que se sucederam nas Nações Unidas, sem exceção, o Direito é considerado como um entrave, nocivo e nefasto, que torna impossível a missão de manutenção da paz. Na melhor das hipóteses o papel do Direito será o de formalizar o poder dos fortes e servir de bálsamo à fraqueza dos fracos.

O segundo exemplo decorre da ausência de textos legais vinculantes às Nações Unidas sobre suas Operações de Manutenção da Paz. Há somente três documentos internos à organização que prodigam conselhos, ausentes obrigações legais. Em seis de agosto de 1999 o SGNU tornou pública uma Circular Interna (ST/SGB/1999/13) sobre o Respeito ao Direito Internacional Humanitário pelas forças das Nações Unidas.[48] Insistindo em seu caráter voluntário e facultativo, a Circular indica que em caso de violação do Direito Internacional Humanitário, os membros do pessoal militar de uma força das Nações Unidas poderão ser processados pelas jurisdições de seu país.[49]

Os dois derradeiros documentos são simples Guias sobre métodos, procedimentos e princípios das Operações de Paz. O primeiro, publicado em 2000, diz respeito às Operações de Polícia Civil das Nações Unidas.[50] O segundo, publicado em 2008, consiste em um

47 ZASOVA, Svetlana. «Cohérence des normes guidant l'action des forces de paix internationales», In https://esil-sedi.eu/wp-content/uploads/2018/04/Zasova.pdf.

48 https://www.icrc.org/fr/doc/resources/documents/misc/5fzg69.htm.

49 *Ibidem*. Artigo 4.

50 https://www.un.org/ruleoflaw/files/GLINES_UN_CIVPOL_2000.pdf.

Guia sobre Princípios e Orientações das Operações de Paz.[51] Ambos são documentos internos às Nações Unidas. Eles são destinados aos agentes e funcionários da organização vinculados às Operações de Paz. A questão fundamental sobre a natureza e alcance das prerrogativas e imunidades do pessoal civil e militar a serviço das Operações de Paz sequer é mencionada.

Assim, o segundo Guia indica que os praticantes da manutençao da paz das Nações Unidas devem ter um bom conhecimento dos princípios e regras do Direito Internacional Humanitário e os respeitar nas situações onde eles se aplicam. A Circular do SGNU detalha os princípios e as regras fundamentais do DIH que poderiam aplicar-se ao pessoal de uma operação de paz das Nações Unidas.[52]

Como prova do despojamento legal das OP reproduzo a seguir a versão em português da singela lista de procedimentos do único documento instrutivo colocado à disposição da tropa a serviço das Nações Unidas em sua operação no Haiti.[53]

Regras de engajamento armado da MINUSTAH

Regras de ação (RA) do componente militar(CM)

Proibições

1. Interferência em ações de autoridade civil legítima (PNH).

2. Uso de armas proibido pelas leis internacionais (venenos).

3. Atitudes que provoquem ferimentos ou sofrimento desnecessários.

51 https://www.un.org/fr/peacekeeping/documents/capstone_doctrine_fr.pdf

52 *Ibidem*, p. 16.

53 O documento original está no Anexo 3.

Gradação no uso da força

Os seguintes procedimentos gradativos devem ser observados:

1. Negociação verbal e/ou demonstração visual: todo esforço deve ser feito para advertir qualquer agressor, seja ele real ou potencial, antes de agir com força.

2. Força desarmada: uso de força física (equipamento antirrevolta).

3. Armas carregadas.

4. Disparos de advertência.

5. Força armada: uso de armamentos e armas de fogo. Apenas quando não houver outra alternativa.

Antes de abrir fogo, uma advertência final deve ser dada conforme o que segue:

A advertência deve ser verbal (em francês ou créole). A advertência verbal deve ser repetida pelo menos três vezes para assegurar compreensão ou obediência.

"NATIONS UNIES – ARRETEZ OU JE TIRE" (dizer 3 vezes)

"NAÇÕES UNIDAS – DETENHAM-SE OU ATIRO".

Abrir fogo advertência:

Apenas no caso de um ataque inesperado do agressor.

Procedimentos durente um tiroteio:

1. O tiro deve ser direcionado.
2. Uma quantidade mínima de projéteis deve ser disparada para atingir o alvo autorizado.
3. Danos colaterais devem ser evitados.

Procedimentos após os disparos:

1. Assistência médica deve ser providenciada.
2. Todo o incidente, bem como os detalhes, deve ser registrado.
3. O registro deve ser feito por meio da cadeia de comando da ONU.

Finalmente, os princípios sobre a responsabilidade das Operações de Manutenção de Paz das Nações Unidas poderiam ter sido definidos em dois momentos cruciais. Entretanto, os dirigentes da ONU preferiram, no primeiro caso, combatê-lo e, no segundo, desconhecê-lo.

O primeiro momento foi a criação do Tribunal Penal Internacional (TPI) com a adoção do Estatuto de Roma, em julho de 1998 – que entrou em vigor em julho de 2002 –, após a ratificaçao de 60 Estados. Naquela ocasião, o CSNU exigiu e obteve poderes exorbitantes. Por um lado, ele poderia interpor um recurso junto ao TPI; por outro, suspender e até bloquear sua atividade. Esse poder extraordinário permite a introdução de um ator político em um procedimento jurisdicional. Foi o produto de um acordo que satisfez aos países que desejavam uma corte subordinada ao CSNU (principalmente os Estados Unidos, a Rússia e a China).

Insaciável, além do poder recursal ao TPI, o CSNU conseguiu impedir ou suspender todo inquérito ou processo de uma situação específica. Esse poder imoderado deve também ser exercido no que tange às Operações de Manutenção da Paz por meio da Resolução 1422, adotada em virtude do Capítulo VII da Carta das Nações Unidas. Essa resolução foi aprovada sob a ameaça de que os Estados Unidos desistissem das missões de paz em andamento ou exercessem seu poder de veto sobre novas missões. Vejamos sua redação:

> O Conselho de Segurança,
>
> Registrando a entrada em vigor, em 1º de julho de 2002, do Estatuto do Tribunal Penal Internacional, assinado em Roma, em 17 de julho de 1998 (Estatuto de Roma), destacando a importância que revestem as operações das Nações Unidas para a paz e a segurança internacionais,
>
> Observando que nem todos os Estados são partes do Estatuto de Roma,
>
> Observando que os Estados-Partes do Estatuto de Roma aceitaram a competência do Tribunal conforme o Estatuto e em particular ao princípio de complementaridade,
>
> Observando que os Estados que não são partes do Estatuto de Roma continuarão a cumprir com suas responsabilidades, diante de suas jurisdições nacionais, no que tange aos crimes internacionais,
>
> Considerando que as operações estabelecidas ou autorizadas pelo Conselho de Segurança das Nações Unidas têm por missão manter ou restabelecer a paz e a segurança internacionais,
>
> Considerando, além disso, que, no interesse da paz e da segurança internacionais, os Estados-Membros devem poder concorrer às operações decididas ou autorizadas pelo Con-

selho de Segurança, agindo em virtude do Capítulo VII da Carta das Nações Unidas:

> 1. *Solicita*, conforme o artigo 16 do Estatuto de Roma, que, se ocorrer uma questão tangendo aos responsáveis ou às pessoas e atividades ou a ex-responsáveis ou pessoal de um Estado contribuinte que não é Parte do Estatuto de Roma, devido a atos ou omissões ligados a operações estabelecidas ou autorizadas pela Organização das Nações Unidas, o Tribunal Internacional, durante um período de 12 meses, começando em 1º de julho de 2002, não enceta nem realiza nenhum inquérito ou processo legal, salvo se o Conselho de Segurança assim o decidir;
>
> 2. *Exprime* a intenção de renovar, nas mesmas condições, enquanto for necessário, a solicitação do parágrafo 1, no dia 1º de julho de cada ano, por um novo período de 12 meses;
>
> 3. *Decide* que os Estados-Membros não tomarão nenhuma medida que não esteja conforme à solicitação do parágrafo 1 e às suas obrigações internacionais.
>
> 4. *Decide* manter a questão na pauta.[54]

Mesmo que limitado, em princípio, a um período de 12 meses, como esse prazo é renovado automaticamente, pode-se concluir que o Conselho bloqueia definitivamente, no TPI, qualquer possibilidade de processo legal dos eventuais crimes cometidos durante as Operações de Manutenção da Paz. Desse modo, o CSNU utiliza seu poder discricionário de modo arbitrário, pois ele eximiu de processo legal no TPI uma categoria de pessoas (os nacionais dos Estados não partes ao Estatuto de Roma) em certas situações gerais (as missões de

54 Resolução 2311 (1001) Adotada pelo CSNU em sua 4572a sessão, em 12 de julho de 2002 https://undocs.org/pdf?symbol=fr/A/58/2(SUPP).

manutenção da paz) para todos os atos ou omissões decorrentes de operações estabelecidas ou autorizadas pelas Nações Unidas.[55]

A legalidade e a legitimidade dessa resolução foram largamente criticadas tanto por Estados quanto pela doutrina, não apenas porque o Conselho ultrapassou seus poderes, mas também porque violou a prescrição das Convenções de Genebra de 1949, que obrigam a reprimir os autores das infrações graves que elas determinam.[56]

Recentemente, os Estados Unidos deram uma demonstração ainda mais clara de seu entendimento acerca do Tribunal Penal Internacional. Ameaçado por processos por presumidos crimes de guerra cometidos no contexto do conflito afegão, John Bolton – conselheiro para a Segurança Nacional do presidente Donald Trump, hostil a qualquer organismo supranacional percebido como uma eventual ameaça para a soberania americana – qualificou o TPI de "ineficaz, irresponsável e claramente perigoso".

Em Washington, na organização conservadora *Federalist Society*, Bolton declara que o objetivo não confesso, mas central dos partidários mais vigorosos do TPI, sempre foi cercear os Estados Unidos. Uma intenção tanto mais nefasta porque essa instituição é incapaz do menor efeito de dissuasão sobre os Estados párias e os ditadores. A história provou que o único meio de dissuasão é [...] a força justa dos Estados Unidos e de seus aliados.[57]

---

55 https://www.sqdi.org/wp-content/uploads/RQDI_25-2_2_Cesoni-Scalia.pdf.

56 *Ibidem*. "Se o Estatuto de Roma permite ao Conselho impedir a CPI de intervir em uma situação específica por uma investigação ou processo legal, isso não pode incluir o poder de garantir a impunidade diante da Corte a somente uma parte dos sujeitos que podem estar envolvidos em tal situação... Essa imunidade parcial introduz, de fato, uma desigualdade de tratamento flagrante entre pessoas de diferentes países."

57 Para os Estados Unidos, o Tribunal Penal Internacional é "ilegítimo" e "desde já morto". In https://www.lemonde.fr/ameriques/article/2018/09/10/pour-les-etats-unis-la-cour-penale-internationale-est-illegitime-et-deja-morte_5353174_3222.html.

Esse mesmo refrão crítico foi retomado pelo presidente Donald Trump em seu discurso de abertura da AGNU, em 25 de setembro de 2018. O TPI foi acusado de não ter legitimidade e autoridade e não deve esperar nenhum apoio nem reconhecimento por parte dos Estados Unidos. O presidente americano concluiu salientando que jamais abandonaremos a soberania americana a uma burocracia mundial não eleita e irresponsável e rejeito globalmente a ideo logia do mundialismo.[58]

O segundo momento acontece quando o CSNU faz ouvidos moucos e prefere silenciar quando o Brasil propõe, na 66ª AGNU, em setembro de 2011, um debate sobre a proteção dos civis durante os conflitos armados. A presidenta Dilma Roussef destaca que:

> O mundo sofre, hoje, as dolorosas consequências de intervenções que agravaram os conflitos, possibilitando a infiltração do terrorismo onde ele não existia, inaugurando novos ciclos de violência, multiplicando os números de vítimas civis.
>
> Muito se fala sobre a responsabilidade de proteger, pouco se fala sobre a responsabilidade ao proteger. São conceitos que precisamos amadurecer juntos.[59]

O ministro brasileiro das Relações Exteriores, Antonio de Aguiar Patriota, foi mais longe ainda nos detalhes sobre a responsabilidade das OP nas Nações Unidas:

---

58 https://www.lemonde.fr/international/article/2018/09/25/a-l-onu-les-discours-offensifs-et-attendus-de-donald-trump-et-hassan-rohani_5359987_3210.html

59 http://www2.planalto.gov.br/acompanhe-o-planalto/discursos/discursos-da-presidenta/discurso-da-presidenta-da-republica-dilma-rousseff-na-abertura-do-debate-geral-da-66a-assembleia-geral-das-nacoes-unidas-nova-iorque-eua e file:///C:/Users/User/Downloads/172-1-237-1-10-20170821.pdf.

> Como a Organização das Nações Unidas pode autorizar o uso da força, ela tem a obrigação de conscientizar-nos dos perigos envolvidos em sua utilização e de criar mecanismos que possam fornecer uma avaliação objetiva e detalhada de tais perigos, bem como formas e meios de evitar danos aos civis.
>
> Nosso ponto de partida em comum deve basear-se no princípio de primum non nocere que os médicos conhecem muito bem. Em primeiro lugar, não causar danos – esse deve ser o lema daqueles que são obrigados a proteger os civis. Também seria lamentável, em última análise inaceitável, se uma missão estabelecida sob mandato das Nações Unidas com o objetivo de proteger civis causasse maiores danos do que aqueles que justificaram sua própria criação.
>
> Temos de almejar um maior nível de responsabilidade. Uma vítima civil já é uma vítima em demasia.
>
> Acredito que os conceitos da "responsabilidade de proteger" e da "responsabilidade ao proteger" devem evoluir juntos, com base em um conjunto acordado de princípios fundamentais, parâmetros e procedimentos [...].[60]

É, sem sombra de dúvida, o caso da MINUSTAH. Como era de se esperar, à parte uma sessão informal de discussão de pontos de vista, o CSNU não deu nenhuma continuidade à proposta brasileira.

Após os ensaios na época da Guerra Fria, as Operações de Paz aumentaram consideravelmente nas três últimas décadas. Contudo, esse ativismo se faz na ausência de um quadro formal vinculante.

---

60 Grifo nosso. Ver http://www.itamaraty.gov.br/pt-BR/notas-a-imprensa/8653-pronunciamento-do-ministro-das-relacoes-exteriores-antonio-de-aguiar-patriota-em-debate-sobre-responsabilidade-ao-proteger-na-onu-nova-york-21-de-fevereiro-de-2012.

Constatamos que, no plano internacional, os recursos contra a ONU só são previstos no caso em que as vítimas do prejuízo sejam Estados ou uma organização internacional, isto é, sujeitos do Direito Internacional. Assim, aparentemente não existe nenhum recurso para um indivíduo ou pessoa jurídica em caso de danos causados por uma OI, salvo se o sistema institucional da Organização previr essa possibilidade.[61]

Quanto aos membros militares das Operações de Manutenção da Paz, eles "são submetidos à jurisdição exclusiva do Estado participante ao qual pertencem para qualquer infração penal que poderiam cometer no país/território anfitrião".[62] Caberá aos países que enviam tropas, portanto, o estabelecimento de processos penais contra seus soldados.[63]

O contingente militar envolvido numa OP está submetido ao Direito do Estado que o enviou em função da "lei da bandeira", "este Estado" que conserva igualmente um privilégio de jurisdição."[64] Ocorre que as Nações Unidas defendem a tese estapafúrdia de que os militares enviados em missão de paz são "agente duplos", pois ligados ao Direito de seu Estado de origem, mesmo estando a serviço das Nações Unidas. Embora deva estar sempre na memória a *boutade* atribuída a Georges Clemenceau (1841-1929) de que a "*justiça militar está para a Justiça o que a música militar está para a Música*", tanto

61 https://www.memoireonline.com/11/13/8015/m_La-responsabilite-des-organisations-internationales-pour-dommages-causes-aux-populations-civiles49.html.

62 http://www.ijdh.org/2004/07/archive/agreement-between-the-united-nations-and-the-government-of-haiti-concerning-the-status-of-the-united-nations-operation-in-haiti/.

63 https://archipel.uqam.ca/11290/1/M15442.pdf.

64 ZASOVA, Svetlana, *Le cadre juridique des Casques bleus*, Paris: Publications de la Sorbonne. 2014, p. 37.

a lógica quanto a doutrina rechaçam esse duplo pertencimento, pois eles estão de fato e de direito, a serviço das Nações Unidas.[65]

Ainda que militares e policiais das OP acusados de delitos, de natureza sexual e pedófila, por exemplo – que frequentemente maculam as OP –, possam ser enviados de volta para o país de origem para serem julgados pela justiça militar, é evidente que se trata de crimes individuais que não fazem parte de nossa análise sobre a cólera no Haiti.

A hecatombe provocada pela MINUSTAH no Haiti é inédita na história das Operações de Manutenção da Paz das Nações Unidas. Trata-se de um crime:

> a) *coletivo*, devido ao número de vítimas e à abundância de autores;
>
> b) *extenso*, em razão de sua dimensão geográfica, pois está presente em todo o território haitiano e até mesmo além dele;
>
> c) *contínuo*, visto que ainda continua provocando vítimas e, por fim;
>
> d) *institucional*, pois coberto de modo deliberado pelas Nações Unidas.

Tentaremos, agora, esboçar as amplas e profundas responsabilidades legais das Nações Unidas como responsáveis indiscutíveis e incontestáveis dessa tragédia.

65 Ver CONDORELLI, Luigi. Le statut des forces de l'ONU et le droit international humanitaire, *RDI*, vol. 78, nº 4, 1995, p. 885-886.

A responsabilidade legal das Nações Unidas

A consciência é provavelmente este lugar legítimo onde cada ser humano pode, com toda liberdade, avaliar sua responsabilidade em relação à vida.

Pierre Rabhi

A responsabilidade é o coração do Direito Internacional. Ela pode ser considerada, como faz Paul Reuter, como sendo "a Constituição da Comunidade internacional" e tem uma função central em todo sistema jurídico. Segundo a Corte Internacional de Justiça (CIJ), a responsabilidade é o "corolário necessário do Direito". Portanto, na ausência dela, não há sistema jurídico, pois cada ordem jurídica prevê consequências legais a qualquer desrespeito à regra de Direito.

Há duas grandes correntes doutrinárias quanto à natureza jurídica da responsabilidade internacional: a subjetiva sustentada na teoria da culpa e a objetiva, mais recente, baseada na teoria do risco. A primeira deve resultar de um ato culposo – decorrente da imprudência, negligência ou imperícia – ou doloso (intenção ou livre vontade). Para este corrente não basta uma Organização Internacional violar uma norma para ser responsabilizada perante o Direito Internacional. É indispensável que o faça com culpa. Sem dúvida, se trata do caso analisado. A segunda teoria é ainda mais contundente. Para ela basta haver violação de norma convencional ou consuetudinária que deveria ser respeitada para configurar a responsabilização da Organização Internacional.

Existem três pressupostos – presentes de maneira concomitante – para engajar a responsabilidade internacional: por um lado, um comportamento da Organização Internacional em violação a um dever ou obrigação internacional que pode consistir numa ação ou omissão; por outro, a existência de um dano material ou moral advindo do ilícito; enfim, o nexo causal ou imputabilidade entre o ilícito e o dano. Neste caso surge para a Organização Internacional um dever de reparar e para o ofendido um direito subjetivo de exigir reparação.

O conjunto dos fatos, corroborados pelas provas e pelo recente reconhecimento do SGNU, demonstra a relação direta entre a irrupção da cólera que atingiu o Haiti e a atividade dos soldados que atuavam sob sua responsabilidade e sob o comando da MINUSTAH. Consequentemente, há um fato e um único e exclusivo responsável. Então, não há dúvida sobre a imputabilidade do crime. Vejamos agora o conjunto das provas da responsabilidade jurídica e penal das Nações Unidas.

O vício formal do acordo de sede Nações Unidas – República do Haiti

Em 9 de julho de 2004, a ONU assina com o governo haitiano um Acordo referente ao Estatuto da Operação das Nações Unidas no Haiti,[1] documento fundamental, indispensável às Operações de Paz das NU. Ele define as responsabilidades e as obrigações do Estado anfitrião, assim como as das Nações Unidas, estabelecendo a base jurídica e legal para a presença da MINUSTAH no Haiti. Longo e

1 United Nations – Haïti [UN-HAITI]. 2004. Accord entre l'Organisation des Nations Unies et le Gouvernement haïtien concernant le statut de l'opération des Nations Unies en Haïti. Disponível em: http://www.ijdh.org/2004/07/archive/agreement-between-the-united-nations-and-the-government-of-haiti-concerning-the-status-of-the-united-nations-operation-in-haiti/.

detalhado, o Acordo entrou em vigor imediatamente e garantia os privilégios, os direitos e as imunidades da MINUSTAH.

Quando um texto convencional internacional é produzido, o desafio principal é identificar quem pode fazer tratados. Em outras palavras, o *jus tractatum,* que concede o *treaty-making power,* a capacidade pessoal e institucional de concluir tratados em nome do Estado.

O artigo 11 da Convenção de Viena sobre o Direito dos Tratados (1969) define que o consentimento de um Estado em se vincular a um tratado pode manifestar-se pela assinatura, troca de instrumentos constitutivos de um tratado, ratificação, aceitação, aprovação ou adesão, ou por qualquer outra forma acordada.[2]

A Convenção de Viena não define as formas internas que levam à manifestação do consentimento, mas observa que o consentimento de um Estado a se curvar a um tratado se manifesta pela ratificação. É o ato no qual a mais alta autoridade do Estado, que detém a competência constitucional para concluir tratados e acordos internacionais, confirma os termos negociados, aceita que sejam definitivos e obrigatórios e se compromete a executá-los em nome do Estado.

Portanto, o ordenamento constitucional de cada Estado define a distribuição das competências entre as autoridades nacionais no processo de conclusão de tratados. Apenas seu respeito estrito reflete o consentimento do Estado a respeitar o tratado; uma condição *sine qua non* para a eficácia jurídica do tratado.

Segundo o artigo 46 (Disposições de direito interno relativas à competência para concluir tratados) da referida Convenção, um Estado não pode invocar o fato de que seu consentimento em obrigar-se por um tratado foi expresso em violação de uma disposição

2 O Direito Internacional Consuetudinário assim como a Convenção de Viena sobre o direito dos tratados deixam os Estados inteiramente livres para adotar o procedimento de sua escolha para a entrada em vigor do tratado (CIJ, 10 de outubro de 2002, portaria Frontière Cameroun - Nigeria, Rec. 2002, § 264).

de seu direito interno sobre competência para concluir tratados, a não ser que essa violação fosse manifesta e dissesse respeito a uma norma de seu direito interno de importância fundamental.[3]

Ora, a violação da Constituição – considerada como a lei fundamental de todo Estado de Direito – é uma violação manifesta de uma regra de importância substancial e central.

Como todo ato jurídico, a validade é uma condição incontornável. A existência de um vício de consentimento (quer seja a incapacidade dos representantes do Estado para concluir um tratado ou uma ratificação imperfeita) leva à nulidade do ato.

Ora, a Constituição haitiana de 1987 (artigo 139, Seção 3) prevê expressamente que a assinatura e a ratificação são uma atribuição exclusiva do Presidente da República: o Presidente "negocia e assina todos os tratados, convenções e acordos internacionais e os submete à ratificação da Assembleia Nacional."

Sérias dúvidas envolvem a participação do presidente Boniface Alexandre nas negociações do Acordo com as Nações Unidas. Pode-se duvidar disso, mas não há nenhuma dúvida de que ele não o assinou, pois o consentimento do Estado haitiano foi expresso pelo primeiro-ministro do Governo de transição, Gérard Latortue.

3 *Convention de Vienne sur le droit des traités entre États et organisations internationales ou entre organisations internationales*, 21 de março de 1986, Seção 2, Nulidade dos Tratados– Artigo 46.

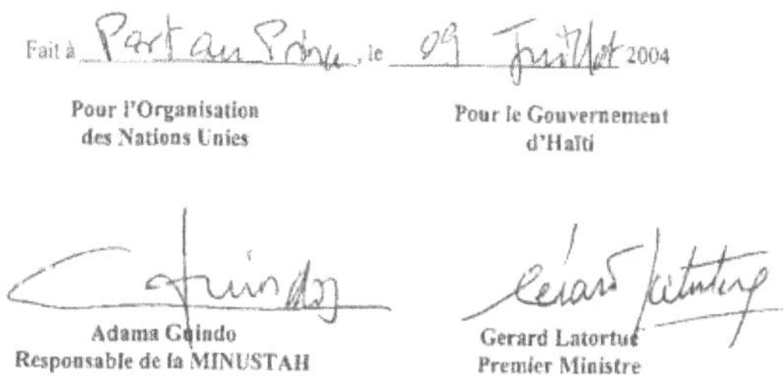
Fait à Port au Prince, le 09 Juillet 2004

Pour l'Organisation des Nations Unies — Pour le Gouvernement d'Haïti

Adama Guindo, Responsable de la MINUSTAH — Gerard Latortue, Premier Ministre

Portanto, o *Acordo referente ao Estatuto da Operação das Nações Unidas no Haiti* é um documento nulo e sem efeito jurídico. Desse modo, se as Nações Unidas não dispõem de base formal e jurídica para sua ação no Haiti, também inexiste sua pretensa imunidade.[4]

A violação do direito de acesso a um tribunal

Há outro ponto que questiona a aceitação da imunidade das Nações Unidas: a ausência de qualquer outra jurisdição competente. O único recurso possível aos requerentes em Direito Privado teria sido a uma comissão especial cuja criação estava prevista pelo *Acordo referente ao Estatuto da Operação das Nações Unidas no Haiti*.

De fato, segundo a Seção 29 desse Acordo, "a Organização das Nações Unidas deverá prever modos de regulação apropriados para as divergências em matéria de contratos ou outras divergências de Direito Privado nas quais a Organização seja parte."

Assim, o artigo 55 do Acordo prevê expressamente que as Nações Unidas estabeleçam tal Comissão no Haiti para receber reclamações de pessoas vítimas de prejuízos imputáveis à MINUSTAH[5].

4 Fonte: http://ijdh.org/wordpress/wp-content/uploads/2012/05/MINUSTAH-_SOFA.pdf.

5 Segundo o Artigo 55 do Acordo, "uma comissão permanente de reclamações criada para esse fim decide sobre todo litígio ou toda reclamação que diga

Portanto, as Nações Unidas se comprometiam a fornecer recursos para as reclamações em Direito Privado por meio de um mecanismo específico. Todavia, tal Comissão jamais foi constituída resultando numa flagrante negação do acesso à Justiça para as potenciais vítimas e reclamantes.

Por outro lado, de modo mais geral, no âmbito das Operações de Manutenção da Paz, as Nações Unidas se comprometem a criar "comissões permanentes de reclamações" para resolver as solicitações de Direito Privado submetidas por terceiros.[6]

A imunidade restrita (funcional) dos agentes a serviço das Nações Unidas

A ONU goza de prerrogativas de imunidade de jurisdição reconhecidas pela Convenção sobre Privilégios e Imunidades das Nações Unidas (Convenção de Londres, aprovada pela AGNU em 13 de fevereiro de 1946), acordo de que o Haiti é signatário. Os principais elementos contidos na Convenção de Londres foram inseridos no acordo entre a ONU e o governo haitiano sobre o estatuto da operação das Nações Unidas no Haiti.

O artigo 2 da Convenção de Londres prevê:

> A Organização das Nações Unidas, seus bens e haveres, qualquer que seja sua sede ou seu detentor, gozarão da imunidade de jurisdição, salvo na medida em que a Orga-

---

respeito ao Direito Privado... do qual a MINUSTAH ou um de seus membros é parte e acerca do qual os tribunais do Haiti não têm competência em razão de uma disposição do presente Acordo".

6 Secretário-Geral, *Rapport du Secrétaire général en aspects administratifs et budgétaires du financement des opérations de maintien de la paix des Nations Unies*, 7, UN Doc A/51/389 (20 de setembro de 1996) ("Conforme a seção 29 da [CPINU], ela se comprometeu a... resolver por intermédio de uma comissão permanente, as demandas de indenização relativas a danos causados por membros de uma força das Nações Unidas...")

> nização a ela tiver renunciado em determinando caso. Fica, todavia, entendido que a renúncia não pode compreender a medidas executivas.

Apesar da nulidade do acordo assinado entre as Nações Unidas e o Haiti, a Convenção de Londres permanece em vigor. No artigo 5, parágrafo 20, sobre os privilégios e imunidades dos funcionários das Nações Unidas, indica-se que:

> [...] esses privilégios e imunidades são concedidos aos funcionários unicamente no interesse das Nações Unidas e não para suas vantagens pessoais. O Secretário-Geral poderá e deverá suprimir a imunidade concedida a um funcionário sempre que julgar que essa imunidade impede que a justiça seja feita e poderá ser suprimida sem causar prejuízo aos interesses da Organização. Em relação ao Secretário-Geral, o Conselho de Segurança pode pronunciar a supressão das imunidades.

Além do respeito às normas internacionais em matéria de direitos humanos pelas forças de paz onusianas, também se deve chamar a atenção para o objetivo das imunidades das organizações internacionais e de seu pessoal. De modo geral, as teorias diversas foram invocadas para apoiar privilégios e imunidades das organizações internacionais e de seu pessoal: representatividade, extraterritorialidade, "cortesia", entre outras. Atualmente, segundo Joe Verhoeven, parece que, assim como para os representantes oficiais nacionais, as origens das imunidades das organizações internacionais e de seu pessoal são funcionais: elas lhes são unicamente outorgadas em vista da realização de seus objetivos e funções e serão limitadas às necessidades dessas funções. Assim, a CIJ julgou que as imunidades reconhecidas ao Ministro das Relações Exteriores não lhe são concedidas para sua vantagem pessoal, mas para permitir que cumpra livremente suas funções por conta do Estado que ele representa"

Portanto, segundo este Autor:

> O motivo só visa, com certeza, especificamente o ministro das Relações Exteriores, único envolvido no caso Yerodia[7]; contudo, é de aplicação geral a todos os órgãos dos sujeitos do Direito Internacional, ou, pelo menos, a todos os agentes – no sentido mais amplo do termo – dos Estados ou das organizações internacionais.[8]

Em consequência, os agentes das Nações Unidas dispõem apenas de uma imunidade "funcional", que pode ser suspensa se a Organização assim o decidir. Essa medida poderia ter permitido que os responsáveis, por ação ou por omissão, pela introdução e disseminação da cólera no Haiti fossem processados.

Por outro lado, deve-se ressaltar que a Convenção de Londres foi adotada em 1946, antes da primeira Operação de Paz das Nações Unidas (1948), portanto, e objetivava apenas a proteção de seus funcionários civis, de suas atividades diplomáticas e de representação. Ela não deveria abarcar as eventuais ações militares das Nações Unidas, pois estas ainda não existiam na época.

Com a assinatura do *Acordo referente ao estatuto da operação das Nações Unidas no Haiti* – assim como todos os outros acordos similares assinados no âmbito de suas OP –, as NU transpõem alegremente os dispositivos de uma proteção diplomática indispensável oferecida a funcionários civis para homens em armas (o

7 https://www.dhnet.be/actu/monde/affaire-yerodia-la-belgique-deboutee-51b7d502e4b0de6db990c2ab e https://www.icj-cij.org/files/case-related/121/121-20020214-JUD-01-00-FR.pdf.

8 ZASOVA, Svetlana. *Cohérence des normes guidant l'action des forces de paix internationales, op. cit.*

conceito operacional de *peacekeeping*) a serviço do CSNU. Portanto, uma ampla proteção diplomática é concedia a combatentes que empregam armas ofensivas.

Os agentes militares a serviço das Nações Unidas deveriam ser cobertos por uma convenção específica, pois suas atividades não têm nenhuma relação com aquelas previstas pela Convenção de Londres de 1946. Justamente, com o objetivo precípuo de manter inalterada sua absurda interpretação do princípio da imunidade, o Departamento de Assuntos Jurídicos das Nações Unidas jamais admitiu a elaboração de uma Convenção específica tratando das atividades militares da ONU.

A capacidade processual das Nações Unidas

A ONU é um sujeito de Direito Internacional e dispõe de uma capacidade de ação ativa e passiva. Ainda que essa capacidade não possa ser confundida com sua personalidade jurídica, ela faz parte dessa personalidade. Por conseguinte, a ONU é titular de direitos e deveres. Pode, então, denunciar danos decorrentes de atos ilícitos, mas também pode ser denunciada se for responsável por danos decorrentes de seus atos ou omissões ilícitas.

Em 2007, a Corte Europeia dos Direitos Humanos (CEDH) considerou que os Estados-Partes na CEDH não podem ser responsabilizados por ações e omissões das forças multinacionais de manutenção da paz criadas ou autorizadas pelo Conselho de Segurança, pelo capítulo VII da Carta das Nações Unidas. Essas ações e omissões são diretamente imputáveis à ONU enquanto organização universal e instituição internacional suprema, detentora do monopólio da segurança coletiva mundial.

Em contrapartida, quando se trata de medidas nacionais tomadas pelos Estados contratantes na aplicação das sanções decididas pelo Conselho de Segurança da ONU (também a partir do capítulo

VII da Carta de São Francisco), a competência *ratione personae* da Corte não causa problema. Nesse caso, os Estados contratantes da Convenção podem ser responsabilizados por seus atos ou omissões em aplicação ao Direito da ONU.

No Parecer Consultivo de 11 de abril de 1949 – *Reparação dos prejuízos sofridos a serviço das Nações Unidas* (Caso Conde Folke Bernadotte)[9] –, a Corte Internacional de Justiça (CIJ) definiu que:

> A Organização das Nações Unidas é um sujeito internacional. Isso não quer dizer que a Organização é um Estado, o que certamente ela não é, ou que sua personalidade jurídica, seus direitos e seus deveres sejam os mesmos de um Estado. Tampouco equivale a dizer que a Organização é um "superestado", seja qual for o sentido dessa expressão. Isso nem mesmo implica que todos os direitos e deveres da Organização devam se encontrar no plano internacional, como tampouco que todos os direitos e deveres de um Estado se encontram nesse plano. Isso significa que a Organização é um sujeito de Direito Internacional, que ela tem a capacidade de ser titular de direitos e deveres[10] internacionais e que ela pode exigir seus direitos através de uma demanda internacional.

9 International Court of Justice [ICJ]. 1949. Mémoires, Plaidoiries et Documents: Reparation des dommages subis au service des Nations Unies. Disponível em: http://www.icjcij.org/docket/files/4/11705.pdf#view=FitH&pagemode=none&search=%22bernadotte%22 Consultar também https://www.conjur.com.br/dl/haiti-denuncia-onu-oea.pdf Em 17 de setembro de 1948, o conde sueco Folke Bernadotte, mediador da ONU para a Palestina, atravessa Jerusalém, acompanhado em seu carro pelo coronel francês André Sérot, chefe dos observadores da ONU para a cidade. Sérot insiste em agradecer a Bernadotte por ter salvo, em 1945, sua esposa do campo de concentração de Ravensbrück. Quatro agressores com uniforme do exército israelense interceptam o carro, no setor de Jerusalém controlado por Israel, e metralham Bernadotte e Sérot, mortos no local. Ver http://filiu.blog.lemonde.fr/2018/10/14/lassassinat-par-israel-du-mediateur-de-lonu-en-palestine/.

10 Grifo nosso.

A partir disso, a ONU pode exercer sua legitimidade ativa, como fez no caso citado. Desse reconhecimento, a Organização das Nações Unidas pode exigir o respeito a seus direitos, mas poderá exigi-lo quando cumprir suas obrigações ou não violar direitos de outrem. Portanto, ela pode exigir, mas também pode ser objeto de denúncia (legitimidade passiva) por suas ações e omissões.

Portanto evidencia-se que por ser um sujeito de Direito Internacional, dotado de personalidade jurídica internacional, a ONU pode ser titular de direitos e deveres no âmbito internacional e, por conseguinte, pode exigir em razão de um dano sofrido em um ilícito internacional – como fez, por exemplo, no Caso Bernadotte – e pode ser igualmente denunciada, como neste caso, pela responsabilidade decorrente de ilícito.

No Caso Bernadotte, já mencionado, Ivan Kerno, representante do Secretário-Geral das Nações Unidas, preconizou literalmente que:

> Vamos lhes dizer que, em nossa opinião, em São Francisco, os autores da Carta criaram uma organização internacional que tem uma personalidade internacional própria, personalidade internacional que implica certos direitos essenciais de caráter internacional e, dentre esses direitos essenciais, sobretudo o de proteger os funcionários da Organização quando sofrem um dano no exercício de suas funções em nome da Organização.

As relações travadas com o Estado haitiano demonstraram a capacidade processual das Nações Unidas. Em 2004, a Resolução 1.542 do CSNU criou e definiu o mandado da MINUSTAH.[11] O

11 Nações Unidas, *Security Council Resolution 1542 (2004)*. Disponível em: http://daccessddsny.un.org/doc/UNDOC/GEN/N04/332/98/PDF/N0433298.pdf?OpenElement. Ver também KENKEL, Kai Michael. *South-America and Peace Operations: Coming of Age*. Abingdon: Routledge, 2013, 244 p.

documento conferia poderes à ONU para auxiliar o governo haitiano a criar um ambiente seguro e estável, garantir o processo político e promover os direitos humanos.

Na prática, esse "auxílio" ao Governo de transição se traduziu ou por uma substituição do Estado haitiano pela MINUSTAH em setores intrinsecamente ligados à soberania estatal, ou por sua responsabilidade compartilhada: por exemplo, a MINUSTAH foi encarregada da vigilância, reestruturação e reforma da Polícia Nacional do Haiti (PNH), da restauração e da manutenção do papel da lei, da segurança e da ordem pública e a promoção dos direitos humanos", entre outros.[12]

Tanto mais que, segundo o Parecer Consultivo da CIJ,[13] quando um agente das Nações Unidas sofre, no exercício de suas funções, um dano de natureza a comprometer a responsabilidade de um Estado-Membro da Organização, esta pode apresentar contra o governo *de jure* ou *de facto* responsável uma reclamação internacional com vistas a obter a reparação dos danos causados às Nações Unidas.

Portanto, *a contrario sensu*, um governo *de jure* ou *de facto* também pode apresentar contra as Nações Unidas uma reclamação internacional com vistas a obter reparações dos danos causados pelas Nações Unidas por atos ilícitos.

---

12 Parágrafos e alíneas do Artigo 7 da Resolução 1542/2004 do Conselho de Segurança.

13 Corte Internacional de Justiça, 1949. *Mémoires, Plaidoiries et Documents: Réparation des dommages subis au service des Nations Unies.* Ver: http://www.icjcij.org/docket/files/4/11705.pdf#view=FitH&pagemode=none&search=%22bernadotte%22.

A responsabilidade das Nações Unidas segundo a Comissão do Direito Internacional

Em 2011, a Comissão do Direito Internacional (CDI) adota um *Projeto de Artigos sobre a Responsabilidade dos Estados por Atos internacionalmente ilícitos*[14] e o confia à Assembleia Geral das Nações Unidas. Embora esse texto ainda não seja um tratado e, portanto, não possa ser imposto, seu conteúdo é muitas vezes citado por jurisdições internacionais em seus trabalhos, como a Corte Europeia de Direitos Humanos (CEDH).[15]

A ideia central da CDI é que diferentes razões podem levar a uma imunidade. Todavia, impedir qualquer controle jurídico implica necessariamente um risco de impunidade que coloca as vítimas e as famílias das vítimas em uma situação insustentável.[16]

Deve-se salientar que, já em 2003, o conselheiro jurídico das Nações Unidas, Hans Corell, havia observado que foi "em relação às operações de manutenção da paz que a maioria dos princípios de responsabilidade internacional foi desenvolvida nos cinquenta anos de prática da Organização."[17]

Porém, ao contrário das missões simplesmente autorizadas pelas Nações Unidas, mas efetuadas por contingentes nacionais ou

14 http://legal.un.org/ilc/texts/instruments/french/draft_articles/9_11_2011.pdf.

15 https://www.coe.int/T/AdministrativeTribunal/Source/Article_DroitTravailOI_ fr.pdf. Para um panorama da jurisprudência da CEDH, consultar PALCHETTI, Paolo, "La réparation de la responsabilité pour faits internationalement illicites commis au cours d'opérations multinationales", Revue Internationale de la Croix-Rouge, vol.95, Sélection française, 2013/3 et 4.

16 LAUR, Marie sublinha que a responsabilidade de proteger e a imunidade de jurisdição das Nações Unidas encontram-se na encruzilhada entre o Direito e a Política.In http://perspectivesinternationales.com/?p=925.

17 Carta endereçada ao Diretor da Divisão de Codificação, MICULKA, Vaclav em 3 de fevereiro de 2004, citada por GAJA, Giorgio no segundo Relatório sobre a responsabilidade das organizações internacionais, UN Doc. A/CN.4/541, 2 de abril de 2004, p. 15, n° 52.

multinacionais, as Operações de Manutenção da Paz sob a égide das Nações Unidas – caso da MINUSTAH – têm um estatuto de órgãos subsidiários, tal como definido pelo Conselho de Segurança. Esse estatuto é confirmado pelas Nações Unidas, quando informam que a ONU considera de longa data que as forças colocadas à sua disposição são *transformadas* em órgão subsidiário das Nações Unidas e, consequentemente, podem comprometer a responsabilidade da Organização, como qualquer outro órgão subsidiário –, quer o controle exercido sobre todos os aspectos da operação seja, na verdade, *efetivo* ou não.[18]

Por conseguinte, os atos e omissões dos militares de nacionalidade nepalesa a serviço da MINUSTAH comprometem a responsabilidade internacional das Nações Unidas.

O envolvimento das Nações Unidas nos textos convencionais de proteção aos direitos humanos *(jus cogens)*

Todos os elementos mostravam a relação direta entre o surgimento da cólera e a atividade dos soldados sob a responsabilidade e comando da MINUSTAH. Os relatórios dos observadores e dos *experts* eram incontestáveis: o vibrião colérico foi transmitido pelos soldados nepaleses instalados na base da ONU, em Mirebalais.

Seria absurdo admitir que as Nações Unidas sejam desobrigadas a respeitar as normas presentes em sua Carta constitutiva ou em documentos relativos aos direitos fundamentais do Homem (bens jurídicos da mais alta importância), direitos que ela própria auxiliou a estruturar e protege. Muito pelo contrário, a Organização precisa responder mais ainda à violação de direitos de conteúdo ético elevado porque é a instância maior encarregada de protegê-los.

A negação das Nações Unidas é uma afronta aos princípios jurídicos mais elementares das relações internacionais. Guardiã

18 UN Doc. A/CN.4/637/Add.1, 17 de fevereiro de 2011, p. 13.

dos principais instrumentos que protegem os direitos humanos, como então compreender e aceitar que, nessas condições, as Nações Unidas se eximam elas próprias dos efeitos de seus atos e de suas omissões?

A Organização das Nações Unidas não pode fugir à sua responsabilidade, ignorar os danos que seu comportamento prejudicial pôde causar a outros sujeitos de Direito Internacional. Admitir o contrário é afirmar que a violação da ordem jurídica internacional pelas Nações Unidas não traz consequências; é aceitar a existência de um sujeito de Direito Internacional que só tenha direitos. Aceitar essa pretensa imunidade equivale a reconhecer que podem existir sujeitos sem obrigações, mas unicamente com direitos. Aceitar essa pretensa imunidade é desnaturar a própria ideia de ordem pública internacional.

A resposta à pergunta "A quem a ONU presta contas?" continua sendo, segundo Marie Laur, "A ninguém". E ela conclui:

> No entanto, seria preciso dar uma resposta ao sentimento de impunidade insuportável. Soluções jurídicas são exequíveis e contempladas, embora, como acontece frequentemente em nível internacional, elas só possam se concretizar caso o poder político assim o decida.[19]

Após a demonstração de que a responsabilidade das Nações Unidas também se encontra no plano jurídico e legal, propomos, no próximo capítulo, um resumo de possíveis soluções para satisfazer às vítimas, seus próximos e o Estado haitiano, que também deve salvar a face das Organizações Unidas e livrá-la do abismo moral e legal em que seus funcionários a mergulharam.

---

19 LAUR, Marie. Responsabilité de protéger et immunité juridictionnelle de l'ONU: un duo à la croisée du droit et de la politique in http://perspectivesinternationales.com/?p=925.

As soluções propostas

A consciência é o melhor livro que temos;
é aquele devemos consultar frequentemente.
Blaise Pascal

A República e o povo do Haiti não podem aceitar viver com esse sentimento insuportável de impunidade e de injustiça. Após a demonstração dos fatos e do Direito, que aponta a responsabilidade das Nações Unidas e as razões profundas de sua negação, apresentamos as possíveis soluções jurídicas, políticas e econômicas.

Como destacou o representante haitiano nas Nações Unidas, embaixador Denis Régis, em 1º de dezembro de 2016, o Governo da República do Haiti atribui uma importância particular à nova abordagem anunciada pelo Secretário-Geral. O governo haitiano é ainda mais sensível a ela porque essa "nova abordagem" era almejada, esperada há muito tempo por todas as partes envolvidas, em primeiro lugar, pelas vítimas e seus próximos.

O presidente Jocelerme Privert segue a mesma linha quando declara, na 71ª Assembleia Geral das Nações Unidas, em setembro de 2016:

> O reconhecimento pela ONU de sua responsabilidade moral na introdução da cólera no Haiti abre caminho para

verdadeiras discussões quanto à obrigação de eliminar definitivamente a cólera no Haiti.

Portanto, não aderimos ao temor expresso por Einstein, que afirmou que "não se deve contar com aqueles que criaram os problemas para resolvê-los." Pelo contrário, acreditamos firmemente na responsabilidade moral e jurídica das Nações Unidas para assumir seus atos e omissões. Acreditamos também que, por um princípio de justiça e pelo respeito à ordem pública internacional, deve emanar dessa responsabilidade o dever de reparação.

As características, a extensão e a natureza do litígio que opõe a República do Haiti e as Nações Unidas atraem o olhar e o interesse de todos aqueles que trabalham pela concórdia, paz e justiça nas relações internacionais. Uma via natural e não traumática seria a mediação. Entre os potenciais mediadores do litígio, o Papa Francisco ocupa um lugar especial e deveria ser convidado pelas Partes envolvidas.[1]

Além deste, há três outros caminhos, de natureza contenciosa, possíveis.

A renúncia unilateral das Nações Unidas à sua pretensa imunidade

A renúncia das Nações Unidas à sua pretensa imunidade, neste caso especifico, teria duas consequências importantes. Por um lado, tornaria mais rápida e eficaz a busca de soluções a um litígio que continua ininterruptamente provocando vítimas e danos. Por outro, essa iniciativa afastaria uma disputa judicial e evitaria a possibilidade

1 O Monsenhor Eugene Martin Nugent, núncio apostólico do Haiti, poderia tomar providências nesse sentido, ainda mais que o atual representante permanente do Vaticano nas Nações Unidas é o Monsenhor Bernardito Cleopas Auza, antigo Núncio apostólico no Haiti, e figura muito respeitada no país.

de originar um precedente que poderia ter consequências sobre o conjunto da ação de manutenção da paz das Nações Unidas.

Diante das particularidades deste terrível caso – o número de vítimas,[2] sua condição socioeconômica, a amplitude dos prejuízos coletivos, a continuidade temporal dos efeitos das ações e omissões das Nações Unidas e a impossibilidade do Estado haitiano de enfrentar o problema –, a renúncia proposta constitui o caminho racional e humanista que se espera de uma organização nascida para fazer respeitar os direitos humanos, sobretudo os das populações mais vulneráveis.

Negociações diplomáticas diretas: os acordos precedentes entre as Nações Unidas e Estados-Membros para fatos similares

O Governo da República do Haiti deveria estar pronto a encetar, sem demora, negociações diplomáticas diretas com o Secretariado das Nações Unidas, começando pela definição de uma metodologia e pela elaboração de um calendário de negociações.

Por ocasião da Operação de Paz das Nações Unidas no Congo (ONUC, julho de 1960 a junho de 1964), as Nações Unidas reconheceram expressamente sua responsabilidade internacional por ato ilícito de seus agentes. Os governos dos Estados da Bélgica, Grécia, Itália, Luxemburgo e Suíça assinaram acordos com o Secretariado das Nações Unidas.[3]

2 Segundo o Escritório de Coordenação dos Assuntos Humanitários das Nações Unidas no Haiti (OCHA), desde o surgimento da doença no Haiti, os números acumulados até mês de junho de 2018 registram 819.000 casos suspeitos para 9.781 mortes. O professor Piarroux estima que o número de vítimas fatais esteja bem além dos dados oficiais. https://www.humanitarianresponse.info/sites/www.humanitarianresponse.info/files/documents/files/ocha-hti-cholera-figures-20180731_fr.pdf.

3 Consultar Belgique, 20/02/1965, UN Treaty Series (UNTS), vol. 535, p. 197 ; Suisse, 03/01/1965, UNTS, vol. 564, p. 193 ; Grèce, 20/01/1966, UNTS, vol. 565, p. 3 ; Luxembourg, 28/12/1966, UNTS, vol. 585, p. 147 ; Italie, 18/01/1967,

Quando o Secretário-Geral das Nações Unidas precisou explicar o fundamento desses acordos, ele o fez nestes termos:

> Sempre foi a política das Nações Unidas, atuando através do Secretariado Geral, compensar indivíduos que sofreram danos pelos quais a Organização era legalmente responsável. Esta política está de acordo com os princípios legais reconhecidos e com a convenção sobre Privilégios e Imunidades das Nações Unidas...[e] é reforçada pelos princípios estabelecidos nas convenções internacionais sobre a proteção da vida e da propriedade das populações civis durante as hostilidades, bem como por considerações de equidade e de humanidade. [4]

Por conseguinte, não resta nenhuma dúvida sobre a obrigação das Nações Unidas de indenização às vítimas civis e seus beneficiários. Seria necessário, agora, como ressaltou o Secretário-Geral em 1º de dezembro de 2016:

> Identificar os mortos e os membros de suas famílias. Também se deveria estar seguro de dispor de fundos suficientes para estabelecer uma soma conveniente a pagar em caso de morte imputada à cólera. Convém proceder a avaliações suplementares para saber se é possível atenuar a falta de informações relativa às mortes ligadas à cólera, inclusive no que diz respeito à identidade das vítimas, como remediar isso, com que custo e quais seriam as dificuldades a superar.[5]

UNTS, vol. 588, p. 193. Consultar BESET, D. W. *United Nations Forces: a Legal Study of United Nations Practice.* Londres: Steven and Sons, 1964.

4 UN doc. S/6597, 06/08/1965, in ILC, 1967, vol. II, p. 220. Consultar FOLEY, Conor. *UN Peacekeeping Operations and the Protection of Civilians: Saving Suceeding Generations.* Cambridge: University Press, 2017. 418 p.

5 Consultar as construtivas propostas da ONG Advogados Sem Fronteiras (Canadá) publicadas recentemente in https://www.asfcanada.ca/site/assets/files/7636/etude_de_faisabilite_summary_web_vf.pdf.

Todos devem estar dispostos, desde já, a assumir este difícil, indispensável e delicado trabalho. As Nações Unidas deveriam iniciar imediatamente uma avaliação conjunta das perdas sofridas pelos poderes públicos haitianos, pelas famílias das vítimas, assim como dos custos sociais e econômicos sofridos pelo Estado haitiano.

Por fim, o Estado do Haiti espera ardorosamente que, graças a um financiamento maciço, inovador, constante e previsível, os resultados almejados possam se materializar, iniciando uma virada irreversível para a erradicação completa da epidemia de cólera e para a melhoria duradoura da infraestrutura sanitária do país.[6]

Apelo à Corte Internacional de Justiça para um Parecer Consultivo

A Corte é o principal órgão judiciário da Organização das Nações Unidas. Instituída pela Carta de São Francisco, ela tem uma dupla missão: resolve, conforme o Direito Internacional, os litígios de ordem jurídica que os Estados lhe submetem e dá pareceres consultivos sobre questões jurídicas feitas pelos órgãos e instituições especializados da Organização das Nações Unidas devidamente autorizados a fazê-lo.

Somente os Estados podem se apresentar à Corte. As organizações internacionais públicas (governamentais) não podem enquanto tais ser parte em nenhum processo na Corte. Todavia, um procedimento particular, denominado procedimento consultivo, é aberto a essas organizações e apenas a elas.

Embora se inspire no procedimento contencioso, o procedimento consultivo tem características distintas devido à natureza e objeto particulares da função consultiva. Assim, de acordo com o artigo 65.1 de seu Regulamento, a Corte pode dar um Parecer Con-

6 Declaração do embaixador Denis Régis, na AGNU em 1º de dezembro de 2016.

sultivo sobre qualquer questão jurídica, a pedido de qualquer órgão ou instituição que tiver sido autorizado pela Carta das Nações Unidas, ou conforme as suas disposições, a solicitar esse Parecer.

Esse procedimento consultivo é introduzido na Corte por meio de uma solicitação de Parecer Consultivo, endereçada ao secretário judicial da CIJ pelo Secretário-Geral das Nações Unidas. Em caso de urgência, a Corte pode tomar todas as medidas necessárias a acelerar o procedimento. Para se informar sobre a questão que lhe é submetida, a Corte pode organizar um procedimento escrito e oral.

Contrariamente às portarias, os Pareceres Consultivos da Corte não têm efeito vinculante, mas têm alto valor jurídico e grande autoridade moral. Com frequência, eles constituem um instrumento de diplomacia preventiva e têm virtudes pacificadoras. Os Pareceres Consultivos contribuem também para o esclarecimento e para o desenvolvimento do Direito Internacional.

Sem efeito vinculante, é a ONU que decide a continuidade desses pareceres, por meios próprios. A esse respeito, o governo da República do Haiti deveria se comprometer expressamente a reconhecer sua força obrigatória na medida em que a Organização das Nações Unidas faz o mesmo.

Conclusão

O mais horrível espetáculo e um dos mais corriqueiros, consiste na violação da justiça pelo encarregado em aplicá-la.

Hypolite de Livry (1808)

Acabamos de descrever os crimes de que são vítimas os civis haitianos, bem como comparar a evolução da estratégia de denegação e das tentativas de falsificação da realidade feitas pelas Nações Unidas com o único objetivo de fugir de sua flagrante culpa, independentemente das nefastas consequências sobre a luta contra o flagelo da cólera.

A progressão rápida da cólera em um ambiente propício como o Haiti tornou essa epidemia a mais mortal no mundo nos últimos anos. Em 2012, a cólera causou mais mortes no Haiti do que em todo o continente africano. Os números oficiais atuais sobre as pessoas contaminadas e os mortos estão muito aquém da realidade. As 819.032 pessoas infectadas recenseadas são somente as que desenvolveram uma patologia. No entanto, segundo os epidemiologistas, 75% dos infectados não apresentam nenhum sinal da doença.

Devido à virulência do ataque inicial do bacilo às populações rurais das regiões sem assistência médica e água potável (principalmente os morros situados ao longo do vale do Artibonite), centenas de vítimas morreram sem socorro. No final, o número de vítimas fatais é largamente superior àquele anunciado pelas fontes oficiais. Provavelmente esse dado jamais será conhecido.

Em fevereiro de 2013, as Nações Unidas anunciaram que nenhum pedido de indenização podia ser aceito. O pedido foi rejeitado in limine porque as atividades dos membros das Operações de Paz a serviço das Nações Unidas têm total imunidade. Consequentemente, não podem ser objeto de contestação ou queixas administrativas e judiciais.

Para as Nações Unidas, inocular o vibrião colérico em um meio propício à sua disseminação fulgurante não podia ser percebido como um homicídio, nem mesmo involuntário – passível de julgamento pelas regras do Direito Penal Internacional – porque suas ações integram o campo da política, imune, por definição, às normas jurídicas. Assim, nenhuma solução administrativa era possível em razão da recusa sistemática da ONU, nem judiciária, via OEA ou Corte Internacional de Justiça, visto que nenhum Estado estava disposto a se opor às Nações Unidas.

Esboçamos um panorama onde se tramam laços indissolúveis entre os fatos, seus autores, suas vítimas as incidências no plano jurídico. Portanto, transpusemos os fatos para o mundo do Direito, salientando seu caráter jurídico. Isso é particularmente verdadeiro no que diz respeito à responsabilidade jurídica – e não apenas moral – das ações e das omissões dos agentes a serviço das Nações Unidas.

Malgrado essa incontestável demonstração da verdade dos fatos, da culpa de seus autores e de sua inegável responsabilização jurídica, as Nações Unidas mantêm sua estratégia de denegação. Contudo, há um resto de esperança graças ao reconhecimento implícito de culpa contido na resposta oficial da ONU, assinada pelo Vice-Secretário-Geral para Assuntos Humanitários, Stephen O'Brien. Sentindo-se acuada, a ONU abandonou efetivamente a tese do "concurso de circunstâncias" defendida até então e apelou para sua pretensa imunidade. É seu último refúgio, do qual deve ser desalojada para que se consiga um mínimo de justiça para as vítimas e seus próximos, mas também para tentar salvá-la de seu naufrágio moral e legal no mar do Caribe. Tanto mais que naufragou até o plano mal enjambrado anunciado Ban Ki-moon quando deixou o cargo, pois não se sabe o que foi feito no plano da ONU para erradicar a cólera no Haiti. Não se sabe quanto dos 400 milhões de dólares foram coletados. Tampouco se sabe quantas vítimas da cólera já receberam um suporte material das autoridades onusianas em termos de compensação pelo sofrimento. Entretanto, sabe-se que a cólera continua presente no Haiti.[1]

Em um editorial de maio de 2011, no jornal *Le Nouvelliste*, o autor não se furtou de ironizar a atitude das Nações Unidas por ocasião do escândalo da cólera no Haiti. Com o título evocativo *Cólera: ONU culpada, mas não responsável*, ele destaca a flagrante e as múltiplas contradições.

Esperemos que, além de reparar seus erros no Haiti, o CSNU encete discussões sobre a "responsabilidade ao proteger", corolário indispensável aos princípios contidos na estratégia de "responsabilidade de proteger", adotada pelas Nações Unidas na reunião de cúpula mundial de 2005.

O objetivo é estabelecer limites e responsabilidades das forças de intervenção das Nações Unidas – em especial, aquelas desempenhadas no âmbito das Operações de Paz – ao invés da carta branca de que dispõem atualmente.

A saga da cólera no Haiti percorre o caminho que a conduz de um compreensível, embora inescusável, incidente de saúde pública, para um escândalo político de dimensões planetárias, marcado por

1 Jean Pharès Jérôme, Le Nouvelliste, 26/09/2018,. https://lenouvelliste.com/article/193175/ou-sont-passees-les-promesses-de-lonu-envers-les-victimes-du-cholera.

agressões reiteradas a princípios fundamentais do Direito levando a uma debacle moral das Nações Unidas. Ao longo desse percurso são revelados muitos aspectos da natureza humana bem como dos meandros das relações internacionais.

Em maio de 2019 as Nações Unidas comemoraram o vigésimo aniversário da histórica Resolução do Conselho de Segurança concedendo a uma Operação de Manutenção da Paz o mandato de utilizar todos os meios necessários para proteger os civis em perigo.[2]

Após a leitura destas páginas sobre hecatombe provocada pelos Capacetes Azuis no Haiti, não há como não sentir um amargor em face da comemoração deste triste aniversário.

2 https://minujusth.unmissions.org/journ%C3%A9e-des-casques-bleus-des-nations-unies-prot%C3%A9ger-les-civils-prot%C3%A9ger-la-paix A referida Resolução está in https://www.securitycouncilreport.org/atf/cf/%7B65BFCF9B-6D27-4E9C-8CD3 CF6E4FF96FF9%7D/Civilians%20SRES1265.pdf.

Anexos

Stephen Lewis: A ONU, a cólera e os Direitos humanos no Haiti (Universidade McGill, Montreal, 12/11/2014)

Permitam-me começar de maneira pouco ortodoxa. Eu tinha, e ainda tenho a plena intenção de abordar nesta conferência o uso do princípio da imunidade nas questões internacionais, bem como suas inevitáveis implicações sobre os direitos humanos. Estava inicialmente previsto que eu me concentrasse no fim da imunidade em caso de violência sexual cometida pelos capacetes azuis das Nações Unidas. Este tema, caro à AIDS-Free World, foi discutido com alguns especialistas canadenses e internacionais em um seminário aqui em McGill, há um mês, sob a égide do Instituto de Estudos do Desenvolvimento Internacional. Frédéric Mégret, membro desta eminente Escola de Direito, estava entre os especialistas.

Porém, algo veio atrapalhar meu plano. Li muito acerca da cólera no Haiti e da utilização do princípio de imunidade pelas Nações Unidas para escapar às suas responsabilidades. E, ao longo de um seminário sobre a cólera, tive a chance de conversar com Beatrice Lindstrom, do *Institute for Justice & Democracy in Haiti*. Quanto mais eu ouvia, mais perturbado ficava. O tema não era desconhecido para mim e já tratei dele publicamente. Porém, os inúmeros elementos de que tomei conhecimento sobre a cólera me espantaram. Então, para mim, é vital compartilhar esta noite minha posição sobre o Haiti, a cólera, a imunidade e as Nações Unidas, senão corro o risco de ter uma crise intelectual.

Contudo, devo fazer-lhes um alerta. Estamos em uma Faculdade de Direito, mas não sou jurista... Na verdade, abandonei duas grandes Escolas de Direito, no decorrer de uma carreira acadêmica movimentada. Vou tentar abordar certas questões jurídicas da melhor maneira que puder. Peço apenas sua indulgência em caso de erro ou desvio.

Às 10h do dia 23 de outubro, uma quinta-feira, instalei-me no Tribunal americano do Distrito-sul de Nova York – no magnífico prédio federal Thurgood Marshall – com meu codiretor e com o vice-diretor de AIDS-Free World. Estávamos ali para assistir a um momento importante da história do Direito: pela primeira vez, a responsabilidade das Nações Unidas na epidemia de cólera no Haiti seria debatida em um tribunal.

O pano de fundo dessa questão é tanto incontestável quanto aterrador. Em outubro de 2010, nove meses após o terrível terremoto, uma epidemia de cólera abateu-se sobre o Haiti. Durante dias e semanas, o número de vítimas e o número astronômico de pessoas que adoeceram acabaram por criar uma compilação espantosa de miséria humana.

Permitindo-me uma analogia desconcertante, a extensão da tragédia da cólera superou a do Ebola. Desde que começou, em 2010, houve 706.862 casos elencados e 8.584 mortos. Ainda em 2014, há mil novos casos por mês.

Em seu notável livro publicado há pouco, *How Human Rights Can Build Haiti*, Fran Quigley nos oferece a seguinte descrição:

> Quer seja em suas origens ou seus efeitos, a cólera é realmente uma doença infame. O processo começa quando as águas, contaminadas pelas matérias fecais, carregam a bactéria Vibrio cholerae. A infecção resultante provoca no paciente uma diarreia aquosa aguda, disseminando assim esse

> agente patogênico com um impiedoso e repugnante sucesso. Sem tratamento, a diarreia causada pela cólera esvazia rapidamente o corpo do paciente e pode levar à morte em apenas algumas horas. Extremamente virulenta, após um curto período de incubação de dois a cinco dias, a cólera avança rapidamente. Todos os artigos acadêmicos e livros brancos descrevem a evolução da cólera no Haiti utilizando o adjetivo "explosivo". Esse termo descreve tanto o início da doença quanto a diarreia debilitante que atinge as vítimas.

O processo judicial foi simples, com um recurso coletivo ajuizado em 2013. Retomemos as palavras do juiz no início do processo:

> Os requerentes afirmam que as Nações Unidas e as entidades afiliadas à Organização das Nações Unidas provocaram, a partir de outubro de 2010, uma epidemia de cólera no Haiti e prestam queixa, portanto, por negligência contra a Organização das Nações Unidas e suas entidades associadas, assim como contra personalidades ligadas às Nações Unidas. Estas últimas buscaram de fato intimar essas entidades, os executados. [As entidades a que faz alusão o juiz são os capacetes azuis da ONU].

E prossegue:

> Os acusados, as Nações Unidas, resistiram a essa intimação. E estamos aqui para os arrazoados relativos às questões: a Corte deveria considerar essa notificação como tendo sido feita? A demanda deve ser rejeitada... a partir do fundamento da imunidade das Nações Unidas? Ou seja, de acordo com o Direito aplicável, as Nações Unidas e os outros executados podem ser exonerados de intimação e, ao mesmo tempo, da ação judicial intentada contra elas?

Não vou continuar a torturá-los com citações desse tipo, que refletem minha ingenuidade jurídica. Mas apelo, mais uma vez, para a indulgência dos senhores enquanto exponho os problemas e argumentos em debate.

Beatrice Lindstrom, do *Institute for Justice & Democracy in Haiti*, era a advogada dos requerentes, assistida por Brian Concannon, que dirige o *Institute*. Ela demonstrou ser uma formidável e impressionante advogada.

Permitam-me um rápido desvio do tema principal. O *Institute for Justice & Democracy in Haiti* e seu associado no Haiti, o BAI (Escritório dos Advogados Internacionais), dirigido por Mario Joseph, são as duas principais organizações de defesa de direitos que tentam levar a ONU a prestar contas. Essas duas organizações trabalham ali sem descanso há dois anos. Ao ler sobre elas e seus trabalhos, damo-nos conta de que se trata de organizações de moral inflexível e de um comprometimento indefectível com os direitos humanos. Elas buscam sua força no apoio que recebem de um grupo imenso de cidadãos haitianos. Tal apoio vem de uma sólida confiança.

Retomo a exposição. Para o observador noviço que sou, a questão repousa em dois argumentos.

Existe uma Convenção sobre os privilégios e imunidades das Nações Unidas, que data de 1946. Seu artigo 2, seção 2, prevê que: "A Organização das Nações Unidas, seus bens e haveres, independentemente de sua sede e de seu detentor, gozam da imunidade de jurisdição, salvo na medida em que a Organização a ela tiver renunciado em determinado caso".

Nitidamente, ela não renunciou à imunidade no presente caso.

Justaposto ao artigo 2, o artigo 8, intitulado "Solução das controvérsias". A seção 29 desse artigo registra:

> A Organização das Nações Unidas deverá estabelecer processos adequados de solução para:

> a) As controvérsias em matéria de contratos ou outras de direito privado nas quais a Organização seja Parte.
>
> b) as controvérsias nas quais esteja implicado um funcionário da Organização que, em virtude de sua situação oficial, gozar de imunidade que não tenha sido suspensa pelo Secretário-Geral.

Em termos muito simples, e termos que, aparentemente, pareciam ter chamado a atenção do juiz, Beatrice Lindstrom indicou que, já que a Organização das Nações Unidas havia ignorado completamente a seção 29 (pois os processos de solução nunca foram oferecidos), ela havia infringido de tal modo o acordo contratual da Convenção que o preço a pagar era sua imunidade.

Além de a seção 29 empregar o verbo "dever", há também a aplicação a favor do que se chama Acordo sobre o Estatuto das Forças (SOFA, em inglês) com o país onde os capacetes azuis atuam, o país-anfitrião, conforme a denominação formal. Assim, existe um "Acordo entre a Organização das Nações Unidas e o Estado haitiano relativo ao Estatuto das Operações das Nações Unidas no Haiti".

Estamos em outubro de 2015 e, de 2004 até hoje, a Organização das Nações Unidas estabeleceu a Missão das Nações Unidas para a estabilização no Haiti, conhecida sob o acrônimo MINUSTAH.

O parágrafo 54 do SOFA diz o seguinte:

> As demandas de indenização apresentadas a título de responsabilidade civil em caso de perdas ou danos materiais ou de prejuízo corporal, doença ou morte ligadas à MINUSTAH ou diretamente imputáveis a esta... que não puderem ser resolvidas pelos procedimentos internos da Organização das Nações Unidas serão resolvidas por esta conforme as disposições do artigo 55 do presente Acordo.

Reza o parágrafo 55:

> Uma comissão permanente de reclamações criada para esse fim decide sobre todo litígio ou reclamação atinente ao direito privado, que não se relacione a danos imputáveis aos imperativos operacionais da MINUSTAH, do qual a MINUSTAH é parte e sobre o qual os tribunais do Haiti não têm competência em razão de uma disposição do presente Acordo.

Em resumo, Beatrice Lindtrom mostrou que a combinação da seção 9 da Convenção com o parágrafo 55 da SOFA atua como uma condição prévia à seção 2 da Convenção antes que a imunidade possa prevalecer. Lindstrom e o juiz, ambos pareciam interpretar a Convenção, de maneira probatória, como um contrato que foi violado. Se, como os requerentes sustentaram, as Nações Unidas eram responsáveis pela cólera, e nem a seção 29 nem o parágrafo 55 haviam sido aplicados, os requerentes tinham o direito de iniciar o processo judicial. Em princípio, a cláusula da imunidade da Convenção estaria caduca. Portanto não poderia ser acionada.

A advogada de defesa discordava vigorosamente. Ellen Blain, procuradora-geral adjunta dos Estados Unidos, igualmente renomada, estava encarregada da defesa. Ela foi categórica: a cláusula sobre a imunidade da seção 2 da Convenção não se subordinava absolutamente à seção 29. Elas eram totalmente independentes. Não havia nenhuma condição suspensiva: não havia simplesmente nenhuma relação. Consequentemente, o parágrafo 55 do SOFA tampouco se aplicava; não havia nenhum motivo para criar uma comissão permanente de reclamações.

Ela insistiu que a cláusula da imunidade era global e absoluta em todas as situações e que a única exceção era a supressão da imunidade, e esta não havia sido suprimida. Assunto encerrado. A imunidade não foi desviscerada (a advogada Blain empregava com frequência o verbo desviscerar... Sempre pensei que isso tinha uma relação com a retirada de órgãos, como em desvelar. Essa definição chama minha atenção. Eu gostaria de eviscerar a imunidade no caso do Haiti. Permitam que eu acrescente, de passagem, que certamente existem razões válidas para obter a imunidade diplomática: só que, no caso em questão, isso é obsceno).

Não quero que se pense que apresentei fielmente os argumentos jurídicos de maneira exaustiva tal qual aconteceu na Corte. Havia inúmeras autoridades citadas, muitos precedentes jurídicos obscuros evocados, mas tento explicar o cerne do litígio. Devo acrescentar que o juiz ainda está deliberando e não informou sua decisão.

Havia dois aspectos suplementares e fascinantes na apresentação da advogada Blain. O primeiro é que ela é procuradora dos Estados Unidos. Como um Estado que faz parte da Convenção sobre os privilégios e imunidades, os Estados Unidos têm todo o direito de estarem presentes, de intervirem, de agirem pelos executados (os executados descritos como Nações Unidas *et al*). Porém, há uma nuance importante aqui. Em várias oportunidades, os Estados Unidos recusaram-se a posicionar-se, ou seja, se a ONU era ou não responsável pela cólera, ou se a ONU tinha ou não a obrigação de lançar uma comissão permanente de reclamações. Os Estados Unidos falavam efetivamente em sua "capacidade pessoal", não querendo ser vistos como defensores do comportamento da Organização das Nações Unidas, enquanto defendiam firmemente o princípio da imunidade tal como registrado na Convenção.

Mas onde estava então a própria Organização das Nações Unidas?

É claro que uma estratégia prudente está sendo aplicada. A ONU recusa-se a associar-se a qualquer contestação de sua imunidade, o desafio da cólera no Haiti sendo de longe o mais inquietante. Portanto, em nenhum caso, os advogados da ONU se encontrarão em um tribunal que se pronuncie sobre a imunidade. Enfim, sabemos agora o que o Departamento de Assuntos Jurídicos da ONU faz com seu tempo: ele apura a arte da evasão.

Contudo, a verdadeira revelação no arrazoado da advogada Blain veio bem no fim de sua réplica. Permitam-me citá-la diretamente:

> [...] Enfim, este caso e as repercussões decorrentes da decisão da Corte hoje não são estritamente limitados. Isso criaria e abriria um enorme mecanismo de reclamações à Organização das Nações Unidas. As Partes privadas através do mundo poderiam processar as Nações Unidas pelas... percepções de violações e de infrações ao tratado.

Agora tudo fica claro: a motivação financeira por trás da defesa da imunidade. Infelizmente, nos dias de hoje, as Nações Unidas não precisam de estímulo para fazer algo essencialmente desonroso. Mas se isso for afirmado pelo Secretário-Geral, os Estados Unidos aparecem para ditar as condições. A ONU e os Estados Unidos têm, ambos, medo de pagar indenizações. Conviria lembrar que, na qualidade de país mais rico do mundo, os Estados Unidos são o maior contribuinte da ONU e que todos os gastos impostos à ONU voltariam necessariamente, de maneira mais significativa, para os Estados Unidos. A continuidade dessa pulsão de autoproteção em detrimento dos corpos de 8.584 haitianos não tem, aparentemente, importância. O fato de que bilhões de dólares estejam disponíveis neste exato momento para bombardear alvos do Estado Islâmico não significa que uma fração desse custo esteja disponível para indenizar as vítimas da negligência da ONU.

Na opinião de todos, são palavras duras. Mas eu as cito conscientemente. Pratico o multilateralismo. Passei a maior parte da minha vida trabalhando direta ou indiretamente com as Nações Unidas. Quando a Organização é legítima, assumo sua defesa de modo categórico. Quando não é, não posso me conter.

Na última década, há poucas coisas mais ilegítimas, mais repreensíveis, mais desprezíveis do que ver as Nações Unidas agindo clandestinamente, dissimulando-se por trás do estandarte desacreditado e em frangalhos que a imunidade aplicada à tragédia da cólera do Haiti constitui.

Tal como eu compreendo, a partir de minha própria leitura e conversas, eis o resumo dos fatos, que não poderia ser exaustivo:

Entre 8 e 14 de outubro de 2010, uma tropa nepalesa de soldados da manutenção da paz chegou ao Haiti. É fato incontestável que o Nepal passara por um surto da epidemia de cólera nos meses anteriores à partida desses soldados. Os testes de tropa descartaram todos aqueles que apresentavam sintomas; como muitos estavam infectados, mas ainda não apresentavam sintomas, passaram pelo controle. Ao chegar ao Haiti, foram instalados no campo de Mirebalais, perto de um afluente que se lança no rio Artibonite, principal fonte de água potável e de uso corrente na região do Artibonite. Como as condições dos sistemas de saneamento são péssimas, dejetos humanos foram lançados no rio; de fato, viram-se esses dejetos humanos transportados por caminhão diretamente para o afluente. Alguns dias após a chegada dos soldados nepaleses, casos de cólera foram registrados em vários hospitais da região. O flagelo começara. Antes dessa data, não havia nenhuma prova da existência de cólera no Haiti, conforme estudos realizados ao longo de mais de cem anos.

Enquanto o país enfrentava o caos provocado pela cólera, começava a busca da fonte desse novo problema. A origem da cólera no Haiti tornara-se evidente para os militantes, que submeteram à ONU, em novembro de 2011, uma petição com mais de cinco mil assinaturas para exigir reparação às vítimas. Quinze meses mais tarde, em fevereiro de 2013, a ONU finalmente dignou-se a dar uma resposta tão pútrida, tão arrogante, tão absurda que nos perguntamos como, em nome de Deus, a Organização poderia se safar.

Ela simplesmente respondeu que a demanda era "inadmissível" em virtude do artigo 29 da Convenção, pois um exame das reivindicações tocaria em "questões políticas e estratégicas".

O que isso significa? Nada, apenas uma verborreia absurda. É uma construção linguística concebida para não dizer absolutamente nada. A linguagem burocrática por excelência. Ao dar esta conferência, fico imaginando pessoas cujas bocas são deformadas por um ricto de desprezo perpétuo.

Não há mais a menor dúvida de que a origem da cólera são os capacetes azuis nepaleses. Nenhuma dúvida. Houve pelo menos dez estudos universitários e de *experts* científicos provando que foram os soldados nepaleses que levaram a cólera para o Haiti.

Durante um certo tempo, as Nações Unidas basearam sua defesa em um relatório de um comitê de quatro *experts*, de 2011, nomeados pelo Secretário-Geral para investigar a origem da cólera. Esse relatório identificou e reconheceu todos os vínculos irrefutáveis, evidentes, na cadeia da infecção, mas os *experts* não podiam revelar claramente a verdade. Então, eles truncaram os resultados e concluíram que um certo número de fatores devia ter causado a cólera e que os soldados nepaleses eram um desses fatores.

Entretanto, um ano mais tarde, um dos coautores do relatório se retratou e disse: "Sabemos agora que a cepa da cólera no Haiti é uma cópia exata da cepa da cólera no Nepal. Novas provas surgiram, indicando que a fonte mais provável da introdução da cólera no Haiti foi uma pessoa infectada pela cepa da cólera no Nepal e associada ao campo das Nações Unidas em Mirebalais".

Caiu a última máscara da mascarada da ONU.

É claro que muitas pessoas eminentes sabiam que a defesa da ONU era tanto falsa quanto insustentável. Em outras palavras, por que inventar? A defesa da ONU se baseava em uma mentira, e seus defensores continuam a mentir. Eles foram contestados pelo *The*

Economist, *The New York Times* e *The Washington Post*. Em seu livro, Fran Quigley cita o representante paquistanês do Conselho de Segurança, exigindo desculpas da ONU e solicitando que a Organização "[fizesse] tudo o que [fosse] necessário pra resolver a situação." Segundo Quigley, o representante francês no Conselho de Segurança disse sobre a crise da cólera: "Podemos lamentar isso, mas não podemos ignorar." O ex-chefe do Departamento das Operações de Manutenção da Paz, Jean-Marie Guéhenno, declarou que a Organização das Nações Unidas "deve confessar tudo sobre a cólera." Até mesmo Bill Clinton, enviado especial da ONU ao Haiti, disse que a MINUSTAH era, repito, "a causa imediata da epidemia de cólera."

O *expert* independente sobre a situação dos direitos humanos no Haiti, nomeado pelo Conselho dos Direitos Humanos, denunciara a resposta da ONU em 2012. Seu sucessor escreveu em fevereiro daquele ano:

> As dificuldades diplomáticas que envolvem essa questão devem ser superadas para garantir à população haitiana o fim da epidemia o mais rápido possível, assim como a plena reparação dos danos sofridos.

Essas últimas palavras devem ter causado uma crise de apoplexia no 38º andar (os limites celestes do Secretário-Geral). Mas o *expert* independente foi mais longe:

> Convém sancionar, se for o caso, os responsáveis por essa tragédia, sejam quais forem, conforme os princípios fundamentais e as diretrizes relativas ao direito a um recurso e a uma reparação das vítimas de violações flagrantes do Direito Internacional dos direitos humanos e de violações graves do Direito Internacional Humanitário…

Esta última frase provavelmente transformou a crise de apoplexia em parada cardíaca.

Na verdade, há um enquadramento interessante aqui. Quem nomeia os *experts* independentes é o Alto Comissário das Nações Unidas para os Direitos Humanos: na época, era Navi Pillay, da África do Sul. No auge da controvérsia, esta declaração lhe foi atribuída:

> [ela] apoia a demanda de que... aqueles que foram infectados pela cólera recebam uma compensação.

Ironicamente, naquele momento, eu ia dar uma entrevista à CBC sobre a cólera; então, apelei imediatamente para Navi Pillay (eu a conhecia, pois, pouco tempo antes, fôramos membros de um comitê em Genebra). Disseram que ela não estava disponível. Finalmente, conseguimos falar com sua assistente pessoal. Em 4 de dezembro de 2013, às 10h02, minha assistente executiva, que transmite as mensagens de maneira impecável, me escreveu um e-mail informando que recebeu um telefonema da assistente pessoal da Alta-Comissária com a seguinte mensagem:

> A Alta Comissária o cumprimenta. Entretanto, ela não poderá lhe falar a respeito do Haiti. Ela apreciaria discutir com o senhor as questões de direitos humanos, mas qualquer questão ligada ao Haiti deve ser abordada com o Secretário-Geral.

Navi Pillay disse a verdade. Ela era a Alta Comissária das Nações Unidas para os Direitos Humanos. Mas foi tolhida pela hierarquia burocrática. A paranoia e prevaricação da ONU reduziram ao silêncio até mesmo o mais alto oficial da seção dos direitos humanos da ONU.

O comportamento deplorável da ONU (eu deveria dizer sua maleficência) residia, e continua a residir, em sua recusa, em cada etapa, em criar a comissão permanente de reclamações prevista pelo parágrafo 55 do Acordo sobre o Estatuto das Forças, obrigação que emana logicamente da seção 29 da Convenção.

No total, havia 32 acordos, isto é, Acordos sobre o Estatuto das Forças, que poderiam/deveriam ter originado uma comissão permanente de reclamações. Não foi o que aconteceu, nem uma única vez. Boatos duvidosos dizem que talvez algumas dessas situações litigiosas tenham sido resolvidas internamente, mas, devido à total falta de transparência que reina na ONU, nunca se saberá. A liberdade de informação não é um conceito aceito favoravelmente pelo Secretariado da ONU. O segredo é a palavra de ordem suprema.

A sórdida história da cólera no Haiti representa uma crítica horrível à ONU. Palavras não bastam para descrever a realidade, é realmente penoso demais. É isto: temos a organização mais louvada do mundo, cujo mantra são os direitos humanos, a primazia do Direito e a democracia. Cada elemento desse mantra foi traído. Os direitos humanos dos mortos e dos infectados foram decompostos desde o primeiro dia da epidemia, a democracia e a busca da justiça não existem, e a primazia do Direito – incluída nas Convenções e Acordos – se acha desrespeitada em cada curva.

Será que a ONU não compreende a enorme perda de confiança e de reputação que essas traições causam? Já fui Embaixador canadense na ONU. Fui um grande defensor do multilateralismo, a tal ponto que zombavam de mim e perguntavam "ele é Embaixador canadense na ONU ou o embaixador da ONU no Canadá?" Hoje isso não se sustenta mais. Sua posição é tão feia, tão desonesta, que a ONU deveria continuar sendo sempre submetida à crítica intensa.

Eu gostaria de implorar à alta liderança da ONU que mudasse sua posição sobre a cólera, que apresentasse suas desculpas, que não insistisse mais na imunidade e que propusesse um regulamento das reivindicações. Mas sei que ninguém ouve ou ouvirá. A estratégia é clara: deixar as coisas rolarem o máximo de tempo possível, desviar a atenção para a campanha da água e do saneamento a longo prazo, e esperar, mesmo contra toda esperança, que esse assunto desapareça nas trevas da indiferença do público. Então, uma resposta verdadeiramente poderosa, uma que existe paralelamente à ação na justiça, é nomear e cobrir de vergonha os responsáveis, manter a pressão de um modo inquebrantável.

O elemento mais constrangedor dessa pressão é apontar o próprio Secretário-Geral. Ele corre o risco de causar um descrédito manifesto a seu secretariado e à sua própria reputação. O dossiê da cólera no Haiti se tornará sua herança e ele poderá carregar pessoalmente as cicatrizes indeléveis disso.

O Secretário-Geral da ONU visitou o Haiti em julho deste ano. Durante a visita, ele disse que a ONU tinha um "dever moral" de ajudar na erradicação da cólera no Haiti. É claro que Ban Ki-moon não disse que a ONU era responsável por ter introduzido a cólera no país, mas a frase do "dever moral" era evocativa e foi inevitavelmente recebida pelo público como uma confissão por parte da ONU de sua responsabilidade na presença da cólera no Haiti. A frase foi repetida pelos jornais do mundo inteiro.

E se existisse ainda uma dúvida quanto ao sentido da frase anterior, esta a dissipava. Em uma igreja do Planalto Central, no Haiti, o Secretário-Geral, acompanhado de sua mulher, declarava: "Esta é uma peregrinação necessária para mim. Vim aqui compartilhar o luto de vocês. Como pai e avô, mãe e avó, todos sentimos uma profunda angústia pela dor que vocês viveram."

Ban Ki-moon não compreende a importância dessas palavras? Não compreende a interpretação legítima que os haitianos dariam a essas palavras? Teriam se tornado um artifício de linguagem prudentemente construído, analisado por advogados dançando na cabeça do proverbial alfinete?

Estou irritado e com raiva? Sim, estou. A ONU é responsável por essa catástrofe, por esse drama humano desesperador. Não se empregam as artimanhas da diplomacia para compartilhar a angústia das vítimas, enquanto se refuta toda responsabilidade. O conselho prodigado ao Secretário-Geral e que o levou a tomar tal atitude denota uma falência moral.

Antes de partir, segundo um artigo do Miami Herald, Ban Ki-moon declarava: "Seja qual for a implicação legal, na qualidade de Secretário-Geral e como indivíduo, estou muito triste." Seja qual for a implicação legal? Cada palavra pronunciada pelo Secretário-Geral sobre a cólera tem um alcance legal, e devo dizer que, se esse dossiê fosse um dia convenientemente tratado pela Corte, essas palavras acabariam com o argumento da ONU.

Permitam-me voltar para julho. Na mídia, Ban Ki-moon se dirigiu ao povo haitiano nestes termos:

> Eu sei que esta epidemia provocou muita cólera e medo. Sei que um número inaceitável de pessoas continua sendo afetado pela doença. Estou aqui hoje, com minha mulher, para lhes dizer que compartilho sua dor.

O meu desejo é que esta dor se transforme em testemunho diante de uma Corte de Justiça.

Recentemente, em oito de outubro passado, para ser mais preciso, havia uma espécie de coleta multilateral de fundos no Banco Mundial para o Haiti. O Banco, que faz parte da ONU, prometeu destinar 50 milhões de dólares ao último plano de construção de um sistema de água limpa e de águas servidas para o país inteiro (impossível resgatar o número de planos que foram reciclados). O plano [de erradicação da cólera] requer 2,2 milhões de dólares durante dez anos. Apesar de um esforço intenso para reunir os fundos, a soma coletada até agora alcança 10% do total. Dadas as circunstâncias, era de se esperar que a ONU fizesse disso uma causa célebre.

No encontro de nove de outubro, o Secretário-Geral repetiu sua velha arenga, até dar náusea:

> Estamos aqui para expressar nossa forte solidariedade e nosso apoio, nosso suporte contínuo ao povo e ao governo haitianos em sua luta contra a cólera... Eu fiz uma visita emocionante ao Haiti, em julho, testemunhei os danos da cólera nas famílias... meu coração ficou apertado ao constatar as perdas sofridas por milhares de pessoas, morreram milhares de pessoas... Encontrei muitas pessoas em muitos lugares, mas encontrar as famílias das vítimas foi o mais emocionante para mim.

Tudo isso, todas essas palavras, todas essas expressões sinceras de empatia e de agonia, mas nunca uma palavra de reconhecimento de sua responsabilidade. O Secretário-Geral aceita uma manipulação inacreditável de sua integridade.

Tomo a liberdade de ser um pouco mais pessoal. Durante quatro anos, como vice-diretor executivo do UNICEF, meu trabalho consistia também em limitar danos. Aprendi que a verdade é o *melhor* controle de danos. Quando, por exemplo, descobrimos que o UNICEF era o responsável principal pela perfuração de poços de água em Bangladesh e que essa água continha arsênico que provocava uma doença grave, fui para Bangladesh e, em uma reunião pública, assumi essa responsabilidade. Depois disso, quando participamos de um programa para auxiliar as crianças das famílias atingidas, marcamos os poços de água perigosos e construímos novos. As pessoas nos levaram muito mais a sério e confiaram em nós.

Não é preciso ser um grande estrategista para saber exatamente o que acontece nos corredores do 38º andar do Secretariado das

Nações Unidas. Todo o mundo no clã do Secretário-Geral, sem exceção, sabe que a ONU é responsável pela catástrofe da cólera no Haiti. Assumem isso entre eles sem pestanejar.

Caem na armadilha dos Estados Unidos, que não querem nem mesmo ouvir murmurar a palavra compensação na controvérsia (onde anda o presidente Obama nesse quadro?). Tentam desesperadamente encontrar um meio de sair dessa enrascada e estão terrivelmente preocupados com a percepção do público. Sabem que, em um determinado momento, serão obrigados a capitular. Seu dilema é este: podem assumir o risco de que, em um dado momento, o dossiê seja tratado nos tribunais, abrindo então o caminho, ou conseguem um acordo antes disso? Deveriam, por exemplo, instaurar uma comissão permanente de reclamações e engolir a decisão resultante?

A única coisa que não podemos permitir coletivamente é deixar este assunto se extinguir. Todas as ocasiões imagináveis deveriam ser utilizadas para lembrar que, no caso do Haiti e da cólera, as Nações Unidas abandonaram os direitos humanos, desfizeram-se do estado de direito e transformaram os princípios democráticos em uma paródia.

Se eu fosse o Secretário-Geral, eu dormiria mal à noite.[1]

Ban Ki-moon: uma suposta nova abordagem da ONU sobre a cólera no Haiti (AGNU, Nova York, 01/12/2016)

Senhor Presidente da Assembleia Geral [Peter Thomson],

Senhoras e senhores representantes,

Senhoras e senhores,

1 Considerando suas *extraordinárias performances morais e éticas* por ocasião da epidemia de cólera no Haiti, Ban Ki-moon será recompensado. Em setembro de 2017, com 5 abstenções, 4 votos contrários e 74 favoráveis, ele é eleito pela Assembleia Geral do Comitê Olímpico Internacional, reunido em Lima, Peru, *Presidente da Comissão Ética* [sic] dessa organização. E la nave va... https://www.olympic.org/.../le-cio-elit-l-ancien-secretaire-general-.

Agradeço por terem vindo hoje em solidariedade ao povo haitiano, para manifestar seu respeito e apoio.

Antes de tudo, eu gostaria de felicitar o povo haitiano pelo desenrolar pacífico das eleições ocorridas recentemente, cujos resultados preliminares foram anunciados no início desta semana.

Insisto com todos os candidatos e seus partidários para que resolvam qualquer divergência pelas vias legais apropriadas. Faço questão de felicitar todos os haitianos por esse acontecimento, que constitui uma referência importante para a estabilidade e para a democracia no Haiti.

Senhoras e senhores representantes,

Senhoras e senhores,

Há anos, os haitianos vêm enfrentando provações e dificuldades consideráveis: a pobreza endêmica, a instabilidade política, sem esquecer o terremoto que devastou o país em 2010.

A epidemia de cólera que se seguiu agravou ainda mais a tragédia e exacerbou o sofrimento. Ultimamente, a situação se degradou mais devido à passagem do furacão destrutivo, que novamente fez o país enfrentar uma dura prova.

Nos últimos seis anos, cerca de 800 mil pessoas foram atingidas pela cólera e mais de 9 mil haitianos perderam a vida.

Fui ao Haiti para encontrar as famílias atingidas. Foi uma das viagens mais difíceis que fiz na qualidade de Secretário-Geral. Ouvi testemunhos de famílias que haviam sofrido, perdido todos os meios de subsistência e que jamais voltariam a ver seus filhos.

Como pai e avô, fiquei profundamente tocado pela dor de tantas famílias. Jamais esquecerei isso.

Não há resposta fácil aos problemas que encontramos no Haiti nem solução perfeita, mas isso não deve nos impedir de tudo fazer para dar fim a esse flagelo.

Quando me pronunciei na Assembleia Geral de 20 de setembro, manifestei minha imensa tristeza e lamento pelos profundos sofrimentos que a cólera inflige aos haitianos.

Afirmei que era hora de o sistema das Nações Unidas apresentar uma nova abordagem para melhorar o destino e as condições de vida dos haitianos.

Eu me dirijo aos senhores hoje para expor os elementos dessa abordagem e pedir seu apoio.

Se os senhores me permitirem, eu desejaria me expressar em francês e, depois, em inglês.

Mas, primeiramente, eu me dirijo diretamente ao povo haitiano.

Começo, portanto, falando em crioulo.

(crioulo)

> *Jodi a m ap di pèp ayisyen: Onè ! Respè !*
>
> *Nou pran gwo lapenn*
>
> *Poutèt kantite moun ki pèdi lavi yo nan kolera,*
>
> *Ak kantite soufrans maladi a mennen nan peyi Dayiti.*
>
> *Nan non Nasyon Zini, mwen vle di aklè:*
>
> *N ap mande pèp ayisyen padon.*
>
> *Nou pa t fè ase lè maladi kolera a rive, epi lè li blayi nan peyi a.*
>
> *Nou regrèt anpil.*

Repito agora essa mensagem em francês:

Permitam-me, nesse momento, dirigir-me diretamente ao povo haitiano:

As Nações Unidas lamentam profundamente as perdas de vidas humanas e os sofrimentos causados pela epidemia de cólera.

Em nome das Nações Unidas, afirmo claramente: nós nos desculpamos com o povo haitiano.

Simplesmente, não fizemos o bastante em relação à epidemia de cólera e sua disseminação no Haiti.

Lamentamos profundamente nosso papel.

Essa situação afetou o relacionamento entre a Organização das Nações Unidas e o povo haitiano. A reputação das Missões de Manutenção da Paz e da Organização ficou maculada no mundo inteiro.

Temos a obrigação moral de agir, não somente pelos haitianos, mas também pela Organização. Juntos, devemos cumprir nossos compromissos.

Senhoras e senhores representantes,

Senhoras e senhores,

Após o início de epidemia de cólera, os Organismos das Nações Unidas forneceram ajuda sanitária e humanitária de urgência a fim de limitar a incidência da doença.

Ano após ano, mobilizamos recursos e tomamos medidas concretas.

Graças aos esforços conjugados da comunidade internacional e do Haiti, conseguimos reduzir a incidência global da doença em cerca de 90% desde 2011, quando ela atingiu seu paroxismo.

Todavia, obter um financiamento suficiente para manter esses esforços não foi uma tarefa fácil.

A cólera continua devastando a população haitiana. Hoje em dia, o Haiti ainda é o país com o maior número de casos de cólera no mundo.

No início do ano, já constatamos um aumento do número de casos. Em outubro, o furacão Matthew complicou mais ainda a situação. Eu mesmo fui ao Haiti, onde testemunhei o sofrimento e a mais completa devastação.

O número de atingidos pela cólera triplicou após o furacão. Felizmente, os casos começaram a diminuir graças a medidas concretas.

Senhoras e senhores representantes,

Senhoras e senhores,

Nossa nova abordagem relativa à luta contra a cólera no Haiti, cuja execução é calculada em cerca de 400 milhões de dólares em dois anos, comporta duas fases.

A primeira consiste em redobrar esforços para enfrentar a incidência da cólera no Haiti e atenuá-la.

Os haitianos nos disseram claramente que a eliminação da cólera devia ser a prioridade absoluta.

Desejamos melhorar o acesso rápido ao atendimento e ao tratamento para as pessoas doentes, dedicando-nos, ao mesmo tempo, aos problemas de longo prazo, ou seja, o abastecimento de água, o saneamento e o sistema de saúde.

As atividades dessa fase já avançaram bastante.

O número de equipes de intervenção rápida subiu de 32, em abril, para 88. Quando novos casos são assinalados, essas equipes agem no intervalo de 48 horas para dispensar um tratamento imediato e evitar a transmissão.

Nas zonas mais expostas, vacinas orais imunizam contra a cólera o maior número possível de indivíduos.

No último mês, a Organização Pan-Americana de Saúde, a Organização Mundial da Saúde e o Fundo das Nações Unidas pela Infância auxiliaram a lançar uma vasta campanha de vacinação para atingir cerca de 729 mil pessoas que vivem nas zonas mais atingidas pelo furacão Mathew.

Ao todo, mais de 1,2 milhão de pessoas terá sido em breve vacinado, e novas campanhas serão logo lançadas.

Paralelamente, intensificamos nosso apoio ao Estado haitiano, auxiliando-o a implantar sistemas de abastecimento de água, de saneamento e de saúde eficazes, *melhor* meio de lutar a longo prazo contra a cólera e as outras doenças transmitidas pela água.

O Banco Mundial, o Banco Interamericano de Desenvolvimento e a Organização das Nações Unidas, entre outros, trabalham para que todos os haitianos tenham acesso a água e saneamento em um prazo de 10 a 15 anos.

O Banco Mundial, que concentra seus esforços nos vilarejos e nas zonas rurais mais atingidas pela cólera, comprometeu-se a investir 50 milhões de dólares para financiar projetos de abastecimento de água e de saneamento, em 2015-2016, e 20 milhões de dólares no ano que vem.

Nos últimos seis anos, o Banco Interamericano de Desenvolvimento financiou mais de 95 milhões de dólares em projetos de abastecimento de água e de saneamento e se comprometeu com 62 milhões de dólares suplementares no próximo ano.

Faço questão de agradecer calorosamente aos doadores que financiaram de diversas maneiras a primeira fase dessa abordagem. Esperamos que outras contribuições sejam feitas.

Vários Estados-Membros afirmaram considerar seriamente a contribuição para nosso fundo especial sem demora.

Essas medidas permitirão, além disso, o avanço da implantação do Programa de Desenvolvimento Sustentável, sobretudo o objetivo 6, que visa a garantir o acesso de todos à água potável e ao saneamento.

Senhoras e senhores representantes,

Senhoras e senhores,

Estou muito consciente das dificuldades financeiras que vocês precisam enfrentar, ou melhor, que todos devemos enfrentar.

Compreendo o sentimento de desânimo que os assalta diante da lista aparentemente interminável das necessidades humanitárias urgentes que devem ser atendidas no mundo inteiro.

No Haiti, o furacão aumentou ainda mais os sofrimentos e, naturalmente, levou a realocar recursos inicialmente destinados a outros usos.

Todavia, insisto em ressaltar que, em relação aos montantes necessários para responder às necessidades humanitárias e às necessidades mundiais de desenvolvimento, somas modestas bastarão para eliminar a cólera no Haiti.

Trata-se de uma missão realista, que podemos realizar. A cólera é uma doença que pode ser tratada e evitada. Podemos controlá-la e eliminá-la.

O único obstáculo é a insuficiência de recursos e de meios de ação.

Já fizemos muito. Seria dramático que nossos esforços fossem tolhidos por falta de financiamento.

Seria mais grave ainda permanecer de braços cruzados quando vidas continuam a ser ceifadas e cada vez mais famílias sofrem. Uma estratégia de luta contra a cólera para 2016-2016, com todos os recursos necessários para auxiliar o governo haitiano a implantar seu plano de médio prazo, seria um grande passo adiante e permitiria fixar solidamente as medidas que estamos tomando para vencer a doença.

Não podemos abandonar essa missão enquanto não estiver resolvida. Conto com todos os senhores para concluir esses esforços e aumentar o apoio até vencer a cólera.

Senhoras e senhores representantes,

Senhoras e senhores,

Além das medidas inovadoras previstas nesta primeira fase, nossa nova abordagem compreende uma segunda fase, consagrada aos haitianos mais diretamente atingidos pela cólera, sua família e sua comunidade.

Consultamos o governo haitiano sobre essas duas fases e evocaremos com ele todos os aspectos da operacionalização. Tenho o prazer de anunciar que o Representante permanente do Haiti vai tomar a palavra para fazer a primeira declaração hoje.

A segunda fase ilustra a consternação palpável da Organização frente aos sofrimentos de tantos haitianos.

Por essa razão, propomos a adoção de um procedimento comunitário, no âmbito do qual tomaremos medidas para dar assistência material e apoio às pessoas mais gravemente atingidas pela cólera.

As prioridades serão estabelecidas após consulta à população, às vítimas e às suas famílias.

As consultas ocorrerão em 2017 e poderão começar verdadeiramente quando o processo eleitoral estiver concluído no Haiti.

A ajuda poderá ser dada de diversas formas: tanto projetos destinados a atenuar as consequências da cólera e iniciativas que visem a fortalecer as capacidades para remediar os problemas que aumentam o risco de cólera, quanto projetos que visem a atender às necessidades da população não diretamente ligadas à cólera, como bolsas de estudos ou programas de microfinanciamento, entre outros.

Esses projetos e iniciativas comunitárias seriam complementares e se inscreveriam, na medida do possível, como continuidade aos trabalhos empreendidos na primeira fase.

Alguns solicitaram que se tomem medidas individuais, como o depósito de fundos para as famílias de pessoas levadas pela cólera.

Para isso, seria necessário identificar os mortos e os membros de suas famílias e, igualmente, ter certeza de dispor de fundos suficientes para determinar uma soma adequada em caso de óbito imputado à cólera.

Devemos prosseguir com a consulta junto às comunidades, mesmo sabendo que isso não será fácil. Convém proceder a avaliações suplementares para saber se é possível atenuar a falta de informação sobre as mortes relacionadas à cólera, inclusive no que tange à identidade das vítimas, como remediar isso, a que custo e que dificuldades superar.

Seja qual for a forma final das medidas adotadas, sempre enfrentaremos o mesmo obstáculo familiar: a ausência de recursos financeiros.

Afirmamos claramente que, considerando a situação humanitária e as necessidades em matéria de desenvolvimento, convém dar prioridade ao financiamento da primeira fase e evitar que a ação da segunda perturbe as contribuições voluntárias feitas na primeira.

Estimulamos vivamente os Estados-Membros a fazerem contribuições voluntárias para as duas fases, principalmente no caso do Fiduciário de Múltiplos Doadores das Nações Unidas para a luta contra a cólera no Haiti.

Entretanto, isso supõe que obteremos os recursos necessários para a segunda fase por esse meio.

Se assim não for, precisaremos encontrar soluções inovadoras apelando para várias fontes de financiamento.

Senhoras e senhores representantes,

Senhoras e senhores,

Enquanto tantos valores e princípios da ONU estão ameaçados, o desafio constituído pela epidemia de cólera no Haiti é uma prova.

É nosso compromisso de longa data com o povo haitiano que é posto à prova.

É nosso relacionamento de longa data com o povo haitiano que é posto à prova.

É nossa aptidão a dar provas de compaixão, enquanto fazemos o bem no mundo que é posta à prova.

É nossa responsabilidade coletiva de realizar o inestimável projeto de manter a paz que é posta à prova.

Não lhes escondo que essa nova abordagem comporta riscos e dificuldades.

Para eliminar a cólera no Haiti e cumprir nossa responsabilidade moral com aqueles que foram diretamente atingidos, é preciso que a comunidade internacional se envolva plenamente e, sobretudo, que nós disponhamos dos recursos necessários.

Após sofrer tantas provações e sofrimentos, os haitianos merecem essa prova concreta de nossa solidariedade.

A ONU deveria aproveitar essa ocasião para pôr fim à tragédia que, por outro lado, macula nossa reputação e compromete nossa missão planetária. Continuaremos a ser criticados enquanto não socorrermos aqueles que sofrem.

Em suma, para poder agir, a ONU precisa que os Estados-Membros ajam.

Sem sua vontade política e seu apoio financeiro, temos apenas boas intenções e bons discursos.

As palavras são poderosas, é verdade. As palavras são necessárias, também é verdade. Mas as palavras não podem substituir nem a ação nem a ajuda concreta.

Tantas pessoas sofreram profundamente. Com o apoio dos Estados-Membros, a ONU pode avaliar a gravidade desses sofrimentos e remediá-los.

Vamos dar provas de solidariedade. Estejamos à altura de nosso dever moral e façamos o necessário para ajudar o povo haitiano e nossa Organização.

Obrigado.

As Regras de Engajamento da MINUSTAH

RULES OF ENGAGEMENT (ROE)
FOR THE MILITARY COMPONENT (MC)

PROHIBITIONS:

1. To intervene in the actions of the legitimate civil authority (HNP)
2. Use of weapons prohibited by international law (poisons)
3. To cause injury or unnecessary suffering

GRADUATION IN THE USE OF FORCE

The following graduated procedures are to be observed.

1. **Verbal Negotiation and/or visual demonstration**: Every effort must be made to warn any potential or actual aggressor before you respond with force
2. **Unarmed Force:** the use of physical force (anti-riot equipment)
3. **Charge weapons.**
4. **Warning shots.**
5. **Armed force:** The use of weapons and firearms. Only when there are no other choices available

BEFORE OPENING FIRE, A FINAL WARNING IS TO BE GIVEN AS FOLLOWS:

The warning has to be given verbally (In French or Creole). The verbal warning should be repeated at least three times to ensure understanding or compliance

"NATIONS UNIS- ARRETEZ OU JE TIRE" (to shout 3 times)
"UNITED NATIONS, HALT OR I WILL FIRE"

OPENING FIRE WITHOUT WARNING:

Just in case an attack by an aggressor comes so unexpectedly

PROCEDURES DURING FIRING:

1. Fire must be aimed
2. Minimum rounds are to be fired to achieve the authorized objective
3. Avoid collateral damage

PROCEDURE AFTER FIRING:

1. Provide medical assistance
2. Record all the incident and details
3. Report through the UN chain of command

FC SIGNATURE

MINUSTAH Rules of Engagement

Posfácio: A esperança

No *Institute for Justice & Democracy in Haiti* (Instituto para a Justiça e Democracia no Haiti, IJDH, Boston, Estados Unidos), tivemos o privilégio de acompanhar as vítimas em sua luta por justiça, em colaboração com seus advogados haitianos do Escritório dos advogados internacionais (BAI), dirigido pelo advogado Mario Joseph. A campanha cínica de desinformação feita pela ONU certamente enganou, no início, a opinião pública internacional, mas nunca enganou os haitianos nas zonas da epidemia. Simpatizantes e militantes foram ao BAI, em Porto Príncipe, para encorajar essa associação, que já ganhou várias grandes causas dos direitos humanos, a fazer uma queixa contra a ONU. O BAI enviou uma mensagem às suas redes, convidando as vítimas para uma série de reuniões, ao ar livre, sob as árvores, para discutir a questão. Esperávamos ter centenas de queixas e recebemos mais de 20 mil.

Depositamos as cinco mil primeiras em novembro de 2011, em Porto Príncipe e em Nova York, seguindo os procedimentos que a ONU estabelecera em troca da outorga de sua imunidade. Os queixosos reclamavam que a ONU investisse na infraestrutura necessária para pôr fim à epidemia, fizesse justiça diretamente às vítimas ou estabelecesse uma comissão permanente de reclamações para levar em consideração suas reivindicações. A existência dessas comissões permanentes simboliza a distância entre os princípios de justiça da

ONU e suas práticas. Essas comissões fazem parte do acordo de sede de todas as missões de manutenção da paz há mais de cinquenta anos, mas nunca desempenharam efetivamente seu papel.

A ONU precisou de 15 meses para preparar sua resposta em duas páginas, afirmando, sem nenhuma justificativa legal, que as demandas das vítimas eram "inadmissíveis". Entretempo, as vítimas de agressões sexuais, de detenções ilegais e até de assassinatos cometidos pelo pessoal da ONU durante os sete anos de sua presença no Haiti continuaram lutando, tendo tomado consciência de que as altas instâncias da Organização não aceitariam suas reivindicações sem pressão. Elas organizaram manifestações e fizeram entrevistas coletivas no BAI para exigir que seu governo e a ONU assumissem suas responsabilidades. As vítimas trabalharam com jornalistas e cineastas do Haiti e do mundo inteiro, fornecendo-lhes informações que, combinadas às análises científicas, mudaram a abordagem da imprensa internacional sobre essa questão. Até então, a imprensa repetia, em larga medida, a propaganda da ONU; agora, a maioria dos jornalistas aborda o tema de modo muito mais crítico.

A recusa das queixas pela ONU abriu o caminho para processos nos tribunais nacionais, porque a recusa da organização de respeitar seus próprios procedimentos lhe valera a perda da proteção e da imunidade. Assistidas pelo IJDH e pelo BAI, as vítimas depositaram o primeiro caso na Corte Federal, em Nova York, em outubro de 2013, seguindo o procedimento do "*class action*", do "recurso coletivo", que permite a um punhado de requerentes prestar queixa em nome de um grande grupo.

A defesa da ONU em Nova York, apresentada pelos Estados Unidos, consistia em insistir que nenhum tribunal podia obrigá-la a se adaptar a suas obrigações legais, independentemente do número de pessoas atingidas, do caráter legal ou escandaloso de seu comportamento. Essa posição extrema de imunidade ilimitada provocou um protesto geral. Mais de 80 organizações e personalidades de alto nível, dentre as quais juristas americanos de origem haitiana, especialistas em Direito Internacional, especialistas nas legislações americana e europeia, assim como ex-altos executivos da ONU e organizações de defesa dos direitos humanos, depositaram no tribunal oito (8) relatórios de *amicus curiae*[1] para apoiar a posição jurídica das vítimas.

Além dos procedimentos judiciais, as vítimas e seus aliados continuaram a lutar nas ruas e na imprensa. Profissionais da saúde escreveram artigos explicando que a cólera podia ser tratada, mas que esperavam que a ONU instalasse a infraestrutura de água e de saneamento necessária para acabar com a epidemia. Mais de cem membros do Congresso americano exortaram o Secretário-Geral da ONU, Ban Ki-moon, a cumprir suas obrigações legais. Dois documentários premiados apresentaram as vozes das vítimas da cólera nas telas de cinema e de computadores no mundo todo. As manifestações prosseguiram no Haiti, em Nova York e em Genebra. As vítimas enviaram duas mil cartas manuscritas aos membros do Conselho de Segurança.

Ainda que a ONU tenha calado seus empregados no que diz respeito à cólera, como descreve o professor Seitenfus, corajosos responsáveis dos direitos humanos se pronunciaram contra a rejeição do Estado de Direito pelas Nações Unidas. A juíza de origem sul-africana, Navanethem "Navi" Pillay, então Alta Comissária para os direitos humanos das Nações Unidas, iniciou essa tendência de modo espetacular, durante a cerimônia de entrega do prestigioso prêmio Martin Ennals, para os defensores dos direitos huma-

1 Do latim "amigo da corte", um *amicus curiae* é uma pessoa, entidade ou órgão, com grande interesse em uma questão jurídica, na qual se envolve como um terceiro, que não os litigantes, movido por um interesse maior que o das Partes envolvidas no processo.

nos em Genebra, em 2013. Ela falou para um auditório repleto de personalidades envolvidas com a defesa dos direitos humanos do mundo inteiro. Alguns minutos após Mario Joseph, do BAI, pronunciar seu discurso de finalista do Prêmio Ennals, e no meio de seu discurso, a Alta Comissária Pillay parou. Colocou no pódio as folhas com suas observações preparadas de antemão e olhou diretamente para as sumidades dos direitos humanos ali reunidas. Clara e lentamente, ela declarou que estava de acordo com o apelo do advogado Joseph para que justiça fosse feita às vítimas. Após alguns segundos de silêncio estupefato, o público se pôs a aplaudir.

Vários relatores especiais das Nações Unidas seguiram a iniciativa da Alta Comissária. BAI e IJDH ajudaram as vítimas a prestar queixa junto à relatora especial das Nações Unidas para o Direito humano à Água e ao Saneamento básico, Catarina de Albuquerque. Essa professora chamou os relatores especiais sobre a saúde e a moradia, assim como Gustavo Gallon, especialista independente das Nações Unidas sobre os direitos humanos no Haiti. Juntos, eles depositaram uma carta de alegação junto à ONU, a primeira vez que esse procedimento fora utilizado contra a própria ONU mais do que contra um Estado-Membro. Quando o Secretário-Geral Ban replicou, retomando os argumentos jurídicos sem fundamento, um número crescente de seus especialistas em direitos humanos respondeu por meio de apelos cada vez mais categóricos às obrigações da Organização. Esse processo culminou num relatório explosivo, publicado em novembro de 2016, pelo relator especial das Nações Unidas sobre direitos humanos e extrema pobreza, o professor Philip Alston.

Em 2016, a Corte de apelação rejeitou a queixa das vítimas, baseada na afirmação do governo americano de que a Organização gozava de imunidade absoluta e ilimitada, ainda que essa posição extrema contradiga a de eminentes especialistas em Direito Internacional e de vários tribunais, como a CEDH e outros tribunais europeus.

Todavia, essa posição era previsível num sistema jurídico americano geralmente conservador e que não confia no Direito Internacional.

A ONU acabou cedendo à pressão e anunciou uma "nova abordagem sobre a cólera", que inclui um pacote no valor de 400 milhões de dólares, metade alocada à luta contra a doença, outra metade, à assistência material e ao apoio às vítimas. A ONU, que recusou todos os pedidos de encontro enviados pelas vítimas e seus advogados durante seis anos, prometeu consultá-los sobre a maneira como os fundos serão gastos.

As vítimas da cólera e seus advogados do BAI começaram imediatamente a se preparar para as consultas. Elas foram a pé, em mulas, de bicicleta e de ônibus a dezenas de reuniões em igrejas, escolas e centros comunitários nas zonas rurais. Os advogados do BAI projetaram um vídeo do discurso do Secretário-Geral, Ban Ki-moon, em que se desculpava com as vítimas e prometia consultá-las. Eles estudaram e discutiram o enquadramento jurídico pertinente, sobretudo a partir de documentos e de *experts* da ONU.

O Secretário-Geral Ban foi sábio em prometer consultas sobre o equilíbrio individual/coletivo, pois este é o único meio de alcançar seu objetivo declarado de dar uma resposta significativa ao impacto da cólera. A ONU, o governo haitiano, os advogados das vítimas e outras instâncias têm um papel importante para explicar as vantagens e inconvenientes de cada abordagem. Mas apenas as vítimas sabem, a partir de seu próprio contexto, como estabelecer esse equilíbrio complicado que, inevitavelmente, vai ter perdedores e ganhadores. Somente as vítimas terão a legitimidade necessária para que os perdedores possam aceitar uma decisão que não lhes seja favorável.

As vitimas da cólera levaram a sério os preparativos para as consultas prometidas. Ouviram atentamente, fizeram perguntas difíceis e depois se dividiram em pequenos grupos para debater. Provaram o adágio haitiano de que "*analfabèt pa bèt*" (a ausência de possibilidades de educação não significa falta de inteligência) com suas discussões sofisticadas e sensíveis sobre questões jurídicas, morais e econômicas complexas. Não assumiram posições coletivas, mas discutiram com suas famílias, vilarejos e organizações.

Infelizmente, a ONU não esteve à altura do envolvimento das vítimas. Dois anos após a adoção da nova abordagem, a ONU angariou apenas 16 milhões de dólares, ou seja, menos de 4% dos 400 milhões prometidos. O Secretário-Geral atual, António Guterres, afirma que há obstáculos em um contexto de financiamento difícil. Porém, as vítimas sabem que a ONU pode conseguir dinheiro quando quer. A MINUSTAH gastou mais de 9 bilhões, e a missão posterior, a MINUJUSTH, gasta agora 16 milhões a cada seis semanas. As vítimas estimam que esforços mais diligentes trariam resultados mais aceitáveis.

A ONU também retirou a compensação individual da negociação. Não fez nenhuma declaração acerca da avaliação feita sobre essa possibilidade e aparentemente nenhum esforço para fazer um debate público sobre a questão ou para consultar os trabalhos dos inúmeros *experts* no assunto, muitos dos quais pertencem à própria Organização.

Pior do que isso talvez, a ONU não consultou nenhuma das centenas de vítimas que se prepararam para participar das consultas. Ao invés disso, ela lançou, em dois anos, um único "projeto piloto", em apenas um município. Esse projeto instaurou conselhos comunitários dos quais participavam não somente as vítimas da cólera, mas também a sociedade civil, os anciões do vilarejo e os chefes religiosos. Os advogados das vítimas não foram consultados.

Os outros setores convidados tinham certamente seus próprios interesses, alguns legítimos, mas muitos outros poderiam conflitar com os das vítimas da cólera, especialmente no que tange ao equilíbrio individual/coletivo. Porque os representantes não cólera foram escolhidos precisamente porque gozavam de um *status* elevado, ao passo que, no Haiti, a cólera atinge sobretudo os mais desfavorecidos. É certo que colocar um punhado de vítimas da cólera não preparadas e não organizadas em uma reunião com pessoas ilustres limita sua capacidade de defender seus interesses. Supondo que esses ilustres tenham uma preferência por projetos comunitários que os beneficiem, o auditório estaria mais inclinado a justificar a decisão da ONU de retirar da negociação a compensação individual.

A falta de sinceridade da ONU ao longo desses dois anos, isto é, desde sua promessa de remediar a hipocrisia dos seis anos anteriores, é decepcionante, mas isso não deve nos desencorajar. Os êxitos da campanha por justiça das vítimas da cólera e de seus aliados mostram que as pressões podem forçar a ONU a respeitar seus próprios princípios. Dentre os êxitos colhidos até agora, além das promessas da nova abordagem, podemos citar:

> Obrigamos a ONU a fazer mudanças para proteger os residentes vulneráveis dos países anfitriões onde atuam suas missões de manutenção da paz no mundo, por exemplo, melhorando os exames médicos das tropas enviadas e a vacinação contra as doenças infecciosas, inclusive a vacinação anticolérica.
>
> Impusemos melhorias nos sistemas de saneamento de todas as bases da MINUSTAH (a maioria delas despejava dejetos humanos no meio ambiente) e de outras missões.
>
> Conseguimos encorajar a constituição de um estoque mundial de vacinas anticoléricas, que permite uma melhor resposta (mesmo que ainda não seja suficiente) à epidemia de cólera no Iêmen e que contribuiu para erradicar essa doença em Serra Leone, em 2017.
>
> Por fim, acabamos gerando um financiamento maior por parte da ONU e do restante da comunidade internacional para um total atual de 680 milhões de dólares, embora ainda

> insuficiente, para lutar contra a cólera. As suas vítimas podem ter e terão mais sucesso, mas precisarão de nossa ajuda, no Haiti e fora dele.

Os haitianos deveriam começar por seu próprio governo, que dispõe da maior oportunidade para apoiar a luta das vítimas por justiça. Mas também deveriam visar toda a "classe política", pois, como explica o professor Seitenfus, o abandono pelo governo de sua obrigação soberana de defender os direitos de seus cidadãos atingidos pela cólera da ONU persistiu ao longo dos mandatos de quatro presidentes (René Préval, Michel Joseph Martelly, Jocelerme Privert e Jovenel Moïse), pertencentes a três partidos políticos, e de centenas de parlamentares.

Uma pressão constante e persistente do governo haitiano poderia ter resultados. A equipe dirigente atual utilizou esse poder em fevereiro de 2018, forçando a partida do chefe da Missão das Nações Unidas porque ela considerava as demandas da ONU para investigar a corrupção e um massacre da polícia como uma ingerência nas questões haitianas. Se o governo tivesse investido o mesmo esforço por ocasião da morte de mais de dez mil cidadãos e cidadãs vítimas da cólera, ele teria alcançado resultados. Os outros Estados-Membros da ONU, inclusive os vizinhos do Haiti na Comunidade do Caribe e os países europeus que dão alta prioridade à justiça, seguiriam a liderança haitiana. A ONU seria obrigada a aceitar uma comissão permanente de reclamações, coletar mais dinheiro e respeitar os direitos das vítimas da cólera.

Aqueles dentre nós que estão fora do Haiti podem fornecer ao governo haitiano uma margem de manobra, negociando com nossos próprios dirigentes políticos a favor desse país. Dentre os 102 membros da Câmara dos Representantes dos Estados Unidos que assinaram a carta dirigida pela representante Maxine Waters ao Secretário-Geral Guterres, em junho de 2018, a maioria tinha poucos eleitores haitiano-americanos, até mesmo nenhum. Mas todos receberam mensagens de eleitores e de militantes, exortando-os a defenderem as vítimas do Haiti. Os parlamentares mais influentes quanto às questões haitianas no Congresso americano se envolveram nessa batalha a favor do Haiti e permanecem informados graças a um diálogo permanente com seus eleitores haitiano-americanos. Quando os haitianos fazem ouvir as suas vozes sobre a cólera em Montreal, os responsáveis federais em Ottawa as registram.

A ONU se preocupa com o que pensam as organizações internacionais de defesa dos direitos humanos, mas aquelas com que mais se preocupa – à exceção da Anistia Internacional – hesitam em criticá-la, mesmo depois que seus próprios especialistas em direitos humanos o tenham feito. Nós todos devemos perguntar às organizações para as quais trabalhamos e que apoiamos, em especial as que pretendem dar autonomia aos pobres e forçar os poderosos a respeitar os direitos, por que elas não agem mais sobre uma questão cuja obrigação é estabelecida pelos fatos e leis? As organizações médicas internacionais deveriam adotar uma estratégia para acabar com a cólera e, assim, auxiliar mais pessoas, investindo na defesa de políticas de erradicação dessa doença.

Um de meus provérbios preferidos – *Anpill men, chay pa lou* ("carregado por vários braços, o fardo não é pesado") – nos fornece um plano de ação para restabelecer o *status* do Haiti enquanto país isento de cólera e para que justiça seja feita às vítimas. Sob muitos aspectos, o combate é fácil. Como explica tão bem o professor Seitenfus, nenhuma questão que exponha fatos incontestáveis deveria levantar controvérsias. Basta que a ONU e seus Estados-Membros compreendam que "culpado, mas não responsável" não é aceitável. Podemos conseguir se formos numerosos a pôr a mão na massa.

Brian Concannon Jr.

Diretor executivo do Institute for Justice & Democracy in Haiti (IJDH)

Bibliografia[1]

Fontes

CDC, *Update on cholera—Haiti, Dominican Republic, and Florida*, Morbidity and Mortality Weekly Report, 59:1637–1641 (2010).

______, *Update: Cholera Outbreak–Haiti 2010*, 59 Morbidity and Mortality Weekly Report 1473 (2010)

CIJ. 1949. *Mémoires, Plaidoiries et Documents : Reparation des dommages subis au service des Nations Unies.*

______ *Reparation for Injuries Suffered in the Service of the United Nations*, Advisory Opinion, 1949.

DINEPA, Gouvernement d'Haïti, ministère de la Santé publique et de la Population, *National Plan for the Elimination of Cholera in Haïti*, 2013.

DPKO UN, *Guidelines for the Development of Rules of Engagement for UN Peacekeeping Operations*. UN DOC MD/FHS/0220.0001. 2008.

FRANK, Jerome N., The United Nation's Responsibility for the Haitian Cholera Epidemic, in Transnational Development Clinic, Legal Services Organization Yale Law School Global Health Justice, Yale Law School and the Yale School of Public Health and Association Haitïenne de Droit de L'Environnment https://law.yale.edu/sites/default/files/documents/pdf/Clinics/Haiti_TDC_Final_Report.pdf

1 O conjunto dos documentos e a cobertura da imprensa se encontram em: https://reliefweb.int/organization/institute-justice-democracy-haiti.

FRERICHS, R.R. e outros. *Source Attribution of 2010 Cholera Epidemic in Haiti.* 109 PNAS 49, 20 de novembro de 2012.

HENDRIKSEN, Rene e outros. *Population genetics of Vibrio cholera from Nepal in 2010: evidence on the origin of the Haitian outbreak.* mBio. vol. 2, n° 4, julho-agosto de 2011.

JOHNSTON, Jake e BHATT, Keane. *Not doing enough: unnecessary sickness and death from cholera in Haiti.* Center for economic and policy research, 2011.

KOLOVROS, Maria-Elena e LINDSTROM, Beatrice. *U.N. Must Take Responsibility for Haiti Cholera Outbreak*, Jurist.com, 23 de fevereiro de 2012.

KILIAN, Crawford. *Cholera in Haiti: A True-Crime Medical Thriller.* TheTyee.ca. Haiti. Disponível em: https://thetyee.ca/Culture/2016/06/22/Cholera-In-Haiti/. 22 Jun 2016.

LANTAGNE, Danièle e outros. *The Cholera Outbreak in Haiti: Where and how did it begin?* Current Topics in Microbiology & Immunology, 22 de maio de 2013.

Nações Unidas, *Accord entre l'Organisation des Nations Unies et le Gouvernement haïtien concernant le statut de l'opération des Nations Unies en Haïti.*

______, *Security Council Resolution 1542 (2004).*

______, *UN in talks to set up independent panel of experts to probe origin of cholera in Haiti*, 2010.

______, *Informe del experto independiente sobre la situación de los derechos humanos en Haití, Michel Forst*, 2011.

______, *Convention on Privileges and Immunities of the United Nations*, arts. II § 2, IV § 11 de fevereiro de 1946, 16 U.N.T.S. 1946-47.

______, *The Final Report of the Independent Panel of Experts on the Cholera Outbreak in Haiti*, 2011.

______, *Comprehensive Review of the Whole Question of Peacekeeping Operations in All Their Aspects: Model Status-of-Forces Agreement for Peacekeeping Operations*, 9 de outubro de 1990, Doc. A/45/594, at 1.

OPAS, *Atlas of cholera outbreak in La Hispaniola & cholera treatment facilities in Haiti*, 2011.

______. *Cholera and post-earth-quake response in Haiti*. Health Cluster Bulletin 26, 25 de julho de 2011.

PIARROUX, Renaud e outros. *Understanding the cholera epidemic, Haiti*. Emerging infectious diseases. vol. 17, n° 7, julho de 2011.

______. *Choléra Haïti, 2010-2018: Histoire d'un désastre*. Paris: Editora CNRS. 2019, 295 p.

RICE, Susan. *Facing 21st-Century Threats: Why America Needs the UN*. Portland: World Affairs Council of Oregon. 11 de fevereiro de 2011.

Livros

BELLAMY, Alex J. *Responsability to Protect*. Cambridge: Polity Press, 2010, 249 p.

JOSEPH, Jacceus. *La MINUSTAH et le choléra: procedure pour dédommager les victimes*. Porto Príncipe: Media Texte. 2012, 128 p.

KATZ, Jonathan M. *The Big Truck That Went By: How the World Came to Save Haiti and left Behind a Disaster*. New York: Palgrave Macmillan, 2013, 306 p.

SEITENFUS, Ricardo. *Haiti: dilemas e fracassos internacionais*. 2ª edição, Curitiba: Editora do Instituto Memória, 2018, 414 p.

______. *Legislação Internacional*. 2ª edição. São Paulo: Editora Manole, 1954 p.

______. *Direito Internacional Público*. 5ª edição. Porto Alegre: Editora Livraria do Advogado, 2016. 220 p.

______. *Manual das Organizações Internacionais.* 6ª edição. Porto Alegre: Editora Livraria do Advogado, 2016, 424 p.

VIRALLY, Michel. *L'Organisation mondiale.* Paris: Armand Colin, 1972, 589 p.

ZASOVA, Svetlana. *Le cadre juridique des Casques bleus*, Paris: Publications de la Sorbonne, 2014, 586 p.

Artigos

AMBROSETTI, David. "L'humanitaire comme norme du discours au Conseil de sécurité: une pratique légitimatrice socialement sanctionnée", *Cultures & Conflits*, 60, hiver 2005.

ALI, A. e outros. 2011. "Recent clonal origin of cholera in Haiti". Emerg Infect Dis;17(4):699-701. doi: 10.3201/eid1704.101973. Ed. Emerging Infectious Diseases, Atlanta. *In:* https://www.ncbi.nlm.nih.gov/pmc/articles/PMC3377427/.

BARZILAY J., Ezra e outros, "Cholera Surveillance During the Haiti Epidemic—The First 2 Years", 368 New England Journal of Medicine, 599, 600 (2013).

BELLEAU, Jean-Philippe. L'imposture des Nations unies en Haïti, *Le Monde*, Paris, 31 décembre 2010.

BENNER,Thorsten.O Brasil como um empreendedor normativo: a Responsabilidade ao Proteger, *Política Externa*, vol. 21, nº 4, 2013, p. 35-46.

BOON, Kristin. "UN Flatly Rejects Haiti Cholera Claim", *Opinio Juris* (Feb. 22, 2013).

BOURJOLLY, Jean-Marie. "Un bilan des multiples facettes du choléra en Haïti", *Haïti Perspectives*, vol. 5, nº 2, 2016, p. 51-58.

BUTLER, D. "Cholera tightens grip on Haiti", *Nature* 468:2. 2010.

CHUN, J. e outros. "Comparative genomics reveals mechanism for short-term and long-term clonal transitions in pandemic *Vibrio cholera*". *Proc. Natl. Acad. Sci. U. S. A.* 106:15442–15447, 2009.

CHIN, CS. e outros, "The origin of the Haitian cholera outbreak strain". *N. Engl. J. Med.* 364:33– 42, 2011.

CONDORELLI, Luigi, "Le statut des forces de l'ONU et le droit international humanitaire", *Revue du Droit International*, vol. 78, n° 4, 1995, p. 885-886.

DANNENBAUM, Tom, "Translating the Standard of Effective Control into a System of Effective Accountability: How Liability Should Be Apportioned for Violations of Human Rights by Member State Troop Contingents Serving as United Nations Peacekeepers", 51 Harv. Int'l L. J. 113, 126 (2010).

ENSERINK, M., "Epidemiology. Despite sensitivities, scientists seek to solve Haiti's cholera riddle". Science 331:388 –389, 2011.

______."Infectious diseases. Haiti's outbreak is latest in cholera's new global assault". *Science* 330:738 –739, 2010.

FEINBERG, Richard, "Fixing Haiti: MINUSTAH and Beyond", *Foreign Affairs* (janeiro de 2012).

GRIM, CJ. e outros, "Genome sequence of hybrid Vibrio cholerae" O1 MJ-1236, B-33, and CIRS101 and comparative genomics with V. "Cholerae". J. Bacteriol. 192:3524 –3533, 2010. in https://www.ncbi.nlm.nih.gov/Taxonomy/Browser/wwwtax.cgi?id=593588.

HALLING, Matt e BOOKEY, Blaine. "Peacekeeping in Name Alone: Accountability for the United Nations in Haiti", 31 *Hastings Int'l & Comp. L.* Rev. 461, 463 (2008)

HOWLAND, Todd. "Peacekeeping and Conformity with Human Rights Law", *13 Int'l Peacekeeping 462*, 478–469 (2006)

Human Rights Watch. *Haiti Country Summary 2012* 4–5 (2012), in http://www.hrw.org.

KATZ, Jonathan M. "Haiti's Inconvenient Truth", *Foreign Policy*, abril de 2013.

KATZ, L.S. e outros. "Evolutionary Dynamics of Vibrio Cholerae O1 Following a Single-Source Introduction to Haiti", 4 mBio 2 (2013).

KOLBE, Athena e HUTSON, Royce. "Human Rights Abuses and Other Criminal Violations in Port-au-Prince", Haiti: A Random Survey of Households, 368 Lancet 864 (2006)

LEADER, Nicholas. "The Politics of Principle: The Principles of Humanitarian Action in Practice", in: *Overseas Development Institute--Humanitarian Policy Group* 5-6 (2000).

LIEBERMAN, Amy. "Haiti Cholera Case Raises Questions About UN Accountability", *World Politics Review*, 2011.

MEKALANOS, J.J. e outros. "Non-O1 Vibrio Cholerae Unlinked to cholera in Haiti", *109 PNAS 47*, 2012.

MÉGRET, Frédéric. "La responsabilité des Nations Unies aux temps du choléra", *Revue Belge de Droit International.* Vol. 47 (2013) p. 161.

MÉGRET, Frédéric e HOFFMANN, Florian, "The UN as a Human Rights Violator? Some Reflections on the United Nations Changing Human Rights Responsibilities", *25 Hum. Rts. Q. 314, 317* (2003).

MUGGAH, Robert. "The Effects of Stabilisation on Humanitarian Action in Haiti", *Disasters* (2010).

MINUSTAH, Campo, PIARROUX, Renaud. *Choléra Haïti, 2010-2018: Histoire d'un désastre,* Paris:.CNRS Éditions, 2019.

NOUVÈL GAYE, Bri Kouri e outros. "Submission to the U.N. Human Rights Council", *Twelfth Session of the Working Group on the Universal Periodic Review,* Oct. 3-13, 2011.

PAUST, Jordan J. "The U.N. Is Bound By Human Rights: Understanding the Full Reach of Human Rights, Remedies, and Non-immunity", *51 Harvard Int'l* L. J. 301 (2010).

REINISCH, August. "Convention on Privileges and Immunities of the United Nations, Convention on Privileges and Immunities of the Specialized Agencies", *United Nations Audiovisual Library of International Law* (2009).

REIS DIAS, Luis Henrique. "Da Responsabilidade de Proteger à perspectiva brasileira da Responsabilidade ao Proteger", IRI/PUC, *Relatório*, Rio de Janeiro 2011.

REITMAN, Janet. "How the World Failed Haiti", *Rolling Stone*, 4 août 2011.

RESENDE, Ranierc Lima. "O regime jurídico da responsabilidade das organizações internacionais: a concepção do ato internacionalmente ilícito", *Revista de Informação Legislativa*, n. 170, Brasília, 2006, p. 191-207.

SATTERHWAITE, Margaret L. "Indicators in Crisis: Rights-based Humanitarian Indicators in Post-Earthquake Haiti", 43 *N.Y.U J. of Int'l L. & Pol.* 865, 887–888 (2011).

SEITENFUS, Ricardo. "The Nature of Haitian Politics and International Challenges", *Journal of Peacebuilding and Development*, volume 6, n. 3, 2011, p. 85-89.

SHRAGA, Dahpna. "UN Peacekeeping Operations: Applicability of International Humanitarian Law and Responsibility for Operations-Related Damage", 94 Am. J. Int'l L. 406 (2000).

SOARES, Thiago Elert. "A Responsabilidade ao Proteger como proposição normativa brasileira no cenário de segurança internacional", *Revista Eletrônica do Direito*, CEDIN, Belo Horizonte. 2013.

SOLEY, Wòch Nan. "The Denial of the Right to Water in Haiti", n. 15 (2008).

ZWANENBURG, Maarten, "Accountability of Peace Support Operations", n. 36 (2005).

Índice onomástico

Alameda nas redes sociais:

Site: www.alamedaeditorial.com.br
Facebook.com/alamedaeditorial/
Twitter.com/editoraalameda
Instagram.com/editora_alameda/

Esta obra foi impressa em São Paulo no primavera de 2019. No texto foi utilizada a fonte Minion Pro em corpo 10,5 e entrelinha de 15,5 pontos.